KB203142

Millennium

서사라목사
천년왕국설에 대한
비판적 고찰

2019. 08. 15
권호덕 교수

CONTENTS

들어가면서

지난 2월에 한 지인 목사님으로부터 서사라 목사에 대해 소개를 받고 그녀의 저서 전체를 읽어보는 기회를 가졌다. 나는 즉시 불과 두 주간 이내로 7권의 책을 집중적으로 읽어나갔다. 전에 대학 재임시에 종말론도 가르쳤는데 기존 신학이 기독인들로 하여금 천국까지 가는 데 필요한 로드맵을 제공하기에는 많이 미흡하다는 생각을 했던 적이 있다.

성경은 우리에게 모든 것을 다 보여주지는 않는다. 성경은 단어를 아끼며 기본적으로 우리에게 필요한 것만을 보여주는 것 같다. 따라서 나는 성경을 보다 깊이 볼 수 있기 위해 여러 가지 체험담을 읽어보았다. 이를테면 뉴톤 시대의 뉴톤에 방불한 스웨덴의 과학자인 스베덴 보리(Emanuel Swedenborg)의 저서 "천국과 지옥"[1]이나 미국 하바드의 의과대학 교수였던 이븐 알렉산더(Eben Alexander)가 쓴 "나는 천국을 보았다"[2] 등을 탐독했다. 그리고 총신대 교수 역임하고 충현교회 담임 역임한 신성종 목사의 간증도 유튜브를 통해 들어보기도 했다. 아는 이들의 천국과 지옥에 관한 책을 읽거나 간증을 들을 때, 항상 염두에 둔 것은 그런 발언들이 얼마나 성경이 계시하는 내용과 일치하는가 하는 것이었다.

그러던 중 서사라 목사의 저서를 만난 것이다. 오늘 발표 내용은 서사라 목사의 독특한 천년왕국설을 살펴보면서 이것이 성경적으로 얼마나 조화를 이루는지 점검하려고 한다. 이를 위해 기존의 천년왕국설을 비판적으로 점검하는 동시에 그 특징과 한계를 규명하고 이 천년왕국설의 특징이 무엇인지 규명하려고 한다. 사실 기존의 4가지 천년왕국설도 각기

---

1) 이마누엘 스웨덴보리(Emanuel Swedenborg), 『천국과 지옥』 Heaven and its Wonders and Hell 김은경 역 (서울: 다지리, 2009).
2) 이븐 알렉산더(Eben Alexander), 『나는 천국을 보았다』 Proof of Heaven 고미라 옮김 (서울: 김영사, 2013).

미흡하기는 마찬가지이다.

　천년왕국설은 예수 그리스도의 재림과 맞물려 있다. 우리는 예수 그리스도께서 재림할 것을 믿고 고백하는 입장에서 이 문제를 다룬다. 그러면 예수의 재림이 어떻게 네 가지 천년왕국설과 엮어져 있을까? '전천년기설'이란 예수의 재림이 천년왕국 이전에 있다는 것을 말한다. 사실 이 단어는 '재림후 천년왕국설'이라고 하는 것이 더 정확할 것이다. 반면에 후천년기설은 천년왕국 이후에 예수께서 재림하신다는 것을 의미한다. 따라서 이것은 '재림전 천년왕국설'로 표시하는 것이 자연스러울 것이다. 이 왕국설은 교회시대가 곧 천년왕국이라는 말이다. 전천년기설은 두 가지로 나누어진다. 역사적 전천년기설, 세대주의 전천년기설. 우리의 관심은 어느 주장이 가장 성경적으로 자연스러운 해석일까 하는 것이다. 그리고 무천년기설은 문자적 천년왕국을 인정하지 않는다.

　성경은 가장 크게는 4가지의 패러다임을 보여준다. 1) 타락전 아담의 원시상태, 2) 타락한 상태, 3) 거기서 나온 주안의 상태, 4) 재림과 더불어 이루어지는 완성 상태가 그것이다.

　우리의 관심은 예수 그리스도의 재림과 더불어 오는 인류의 대(大) 패러다임 변화는 최후의 마침표를 찍게 된다. 이 재림은 심판의 날인 동시에 구원의 날이다.

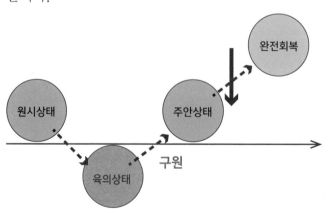

서사라목사의 천년왕국설에 대한 비판적 고찰

그리고 성경은 그리스도인이 독특한 시간의식(時間意識)을 가질 것을 가르친다. 그리스도인들은 한편으로는 과거 예수 그리스도의 초림 곧 성육신 사건을 되돌아보며, 다른 한편으로는 앞으로 있을 예수 그리스도의 재림을 바라보며 살고 있으며 현재는 영적인 긴장을 지닌다. 우리는 이 두 가지 시각이 타종교와는 전혀 다른 기독교인의 독특한 역사관을 형성시킴을 확인할 수 있다. 이것을 도식으로 표현하면 다음과 같다. 예수의 재림과 영원한 천국을 기다리는 문제를 다루는 종말론은 기독인들의 시간관 내지 역사의식(歷史意識)을 정비하는 것과 관계한다.

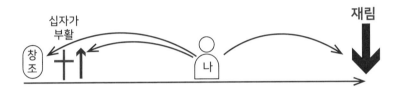

예수의 재림과 영원한 복락의 나라를 기다리는 문제를 다루는 종말론은 기독교인들의 시산관, 시간의식을 훈련하는 것과 관계한다.

I. 기존 천년왕국설

재림에 대한 문제는 천년왕국 문제로 나아가게 만든다. 왜 그리스도인들은 천년왕국에 대해 말하는가? 우리는 다음과 같이 세 가지 모티브를 말할 수 있다.

첫째, 안식일 모티브이다. 즉 안식으로 끝나는 창조의 일주일이라는 하나님의 패턴이 천년왕국을 말하는 데로 나아간다는 말이다. 유대 랍비들은 이 세상이 6천 년간 지속될 것이며, 그 후에 안식이 올 것이라고 말해 왔다.[3] 바나바 서신도 동일하게 말했다. "그의 아들이 와서 불법의 사람의 시간을 폐지하고 경건치 못한 자들을 심판하고 해와 달과 별들을 변화시키면, 그 일곱 째 날에 그는 안식할 것이다"[4]

둘째, 구약성경의 예언이 천년왕국을 말하도록 만드는 모티브를 제공한다고 한다. 카이베호벤에 의하면 "구약성경은 메시야의 나라를 종말에 이루어질 영원한 하나님의 나라로 묘사하고 있으나, 유대의 후기 저자들은 이 메시야의 나라를 이스라엘의 정치적인 나라, 주님의 날이 이르기 전에 나타날 영화롭고 축복된 시대로 보고 있다."[5]

셋째, 요한계시록 20:1-10이 천년왕국을 말하도록 만든다는 것이다. 여기에 보면 사단을 일천년 동안 결박하다는 말이 나오고, 그리스도인들이 천년동안 그리스도와 더불어 다스린다는 말이 나온다. 이런 구절이 천

---

3) Andrew Kuyvenhoven앤드류 카이벤호벤(심재승역), 『개혁주의 종말론』 The Day of Christ's Return: What the Bible Teaches, What you need know(서울: 이레서원, 2001), 142.

4) Barnabas 15:5 "And He rested on the seventh day. this He meaneth; when His Son shall come, and shall abolish the time of the Lawless One, and shall judge the ungodly, and shall change the sun and the moon and the stars, then shall he truly rest on the seventh day." in http://www.earlychristianwritings.com/text/barnabas-lightfoot.html

5) Andrew Kuyvenhoven앤드류 카이벤호벤(심재승역), 『개혁주의 종말론』…, 143ff.

년왕국에 대해 말하도록 만든다는 것이다.

그런데 문제는 천년왕국설은 한 가지만 있는 것이 아니라는 것이다. 지금까지 알려진 것은 네 개의 왕국설이다. 그 중에서 세대주의 전천년기설과 후천년기설은 성경적으로 혹은 역사적으로 틀렸다는 것이 밝혀졌다. 그럼에도 이 두 가지를 언급해야 되는데 그 이유는 이미 많은 사람들에게 영향을 끼쳐서 더 이상 이것으로 인해 실족하지 않도록 하기 위함이다. 특히 거의 모든 이단들은 세대주의가 제공하는 틀을 이용하여 네가지 주장을 다시 세우기 때문이다.

A. 네 가지 천년왕국설

서사라 목사의 천년왕국 이해를 평가하기 위해서는 기존 네 가지 천년왕국설을 먼저 분석하는 것이 필요하다. 그녀의 설명내용은 어떤 면에서 기존 것과 유사하고 또 그것들과 다른가 하는 것이다. 나아가 그녀의 설명은 어떤 점에서 성경적으로 합당한가 하는 것이다.

1. 세대주의 전천년기설

세대주의적 전천년기설은 한국교회에 지대하게 영향을 끼쳤다.

a. 세대주의 신학의 발생 역사

세대주의는 성경과 교회의 역사를 시대별로 구분하여 하나님의 통치 원리가 각 시대마다 다르고 그의 백성들의 구원의 방법들도 다르다고 주장하는 견해이다.[6] 이런 세대주의는 1830년 영국 '플리머스 형제단'(Plymouth Brethren)에 속하는 다아비(John N. Darby)와 그의 동료들에게 그 기원을 두고 있다. 세대주의는 유럽에는 큰 영향을 끼치지는

---

6) https://en.wikipedia.org/wiki/Dispensationalism

못했으나 미국과 미국으로부터 복음을 받은 한국에는 많은 영향을 미쳤다. 한국의 모든 기독교 이단들이 세대주의적 종말론을 모델로 하여 나름대로 체계화 시켰다는 것은 흥미로운 일이다.

b. 용어 해설

세대주의 전천년기설은 "미국 전천년기설"(Amerian Premill-ennialism), 혹은 "세대주의"(Dispensationalism)로 불리어진다. 세대주의 천년왕국설은 인류의 역사를 창조의 7일처럼 일곱 세대로 나누어 설명하며 그 각 시대마다 구원의 방법이 다르며 그 세대 중에 맨 마지막 세대를 천년왕국으로 해석하는 견해를 말한다.

우리말로 "세대(世代)"로 번역된 단어는 헬라어의 "오이코노미아"로, 이 단어는 원래 일반적으로 알고 있듯이 "시기"나 "기간"을 의미하지 않는다. 이 단어의 원래 의미는 "한 집안이 운영되는 규범" 혹은 "집주인이 그의 가족들을 다스리는 방법"이란 뜻이다. 이 단어는 영어로는 dispensation으로 번역되었는데 이 단어는 라틴어의 "dispensatio"에서 온 것이다. 이 라틴어는 "나누어주는 행위, 행정, 관리" 등을 의미한다.

이 단어가 일정한 기간(period) 혹은 시대(age)를 의미하는 것으로 알려지게 된 것은(예를 들면 율법시대, 은혜시대, 환난시대) 우선 가장 잘 알려진 세대주의자 중의 한 사람인 스코필드의 관주성경에서 내려진 정의 때문이다. "세대란 인간이 하나님의 어떤 특정한 계시에 대한 순종과 관련하여 시험을 받는 일정한 기간을 말한다. 성경에는 일곱 개의 그러한 세대가 나타나 있다."[7] 물론 하나님의 집의 주인이신(히3:2, 엡2:19) 하나님께서 하나님의 지혜에 따라 여러 시대별로 자기 "가족"을 여러 가지 방식으로 다스리고(혹은 경영하고) 계시기 때문에 각 시대마다 하나님의

---

7) C.I. Scofield(hrsg.), SCOFIELD BIBLE Revidierte Elberfelder Übersetzung Mit Einleitungen, Erklärung und Ketten-Angaben (Wuppertal: R. Brockhaus Verlag, 1997. 4.Aufl.), 3.

경영방식이 달라지는 것에 근거해서 "oikonomia"를 '기간' 혹은 '세대'의 의미로 사용하기도 한다.

그러나 성경은 하나님의 경영방식에 초점을 맞추고 있지 시대에 맞추고 있지 않다. 그래서 성경에서는 이 단어를 세대가 아닌 "경륜"으로 번역한 것이다. 그런데도 신학자들은 세대주의자들이 성경을 시대별로 구분해서 해석한다는 이유로 "oikonomia"(dispensaion)를 세대로, 그리고 dispensationlism을 세대주의로 번역해서 사용한다. 그러면 이제부터 성경에서 이 단어의 용례를 통해 그 정확한 의미를 파악해 보도록 하자.

헬라어 "oikonomia"의 다양한 형태가 신약성경에 17번 나오는데 동사 "oikonomia"는 누가복음 16:2에 단 한 번 사용되었고, 명사는 "oikonomos"와 "oikonomia"의 두 형태로 16번 사용된다. 이 단어들은 각각 "청지기"(steward, 눅12:42; 16:1,2,8, 고전 4:1,2, 딛1:7, 벧전4:10), "청지기직"(chamberlain, 롬16:23), "청지기"(governor, 갈4:2) "청지기직"(stewardship, 눅16:2,3,4) "경륜"(dispensaion, 고전9:17, 엡1:10; 3:2, 골1:25) 등으로 사용된다. 이들 성경 구절에 따르면 "oikonomia"는 "집안일을 다스리고 경영하는", "권위 있는 자로부터 의무를 부여받아 집안을 관리하는 것", "재산을 관리하는 것", "도시의 재정을 맡아 경영하는 것" 등의 의미를 갖고 있음을 알 수 있다. 이 중에서 경륜(dispensation)으로 번역된 구절을 통해 그 정확한 의미를 파악해 보자. "과연 너희를 위하여 내게 주신 하나님의 은혜의 경륜을 너희가 들었을진대"(엡 3:2). 만약 "경륜"(dispensation)이 어떤 "기간" 혹은 "세대"라고 한다면 하나님의 은혜라는 "기간"이 있게 되는 셈이고 그 기간이 바울에게 주어졌다는 말이 된다. 이 구절을 골로새서 1:25과 비교해 보자. "너희를 위하여 내게 주신 하나님의 경륜을 따라 하나님의 말씀을 이루려고 내가 교회의 일꾼이 되었노라" 만약 이 구절에 나오는 경륜이 어느 시기를 의미한다면 하나님이라고 하는 시기 혹은 세대가 있다는 말인데, 성경 그 어디에서 하나님이란 시기가 등장하는가? 따라서 에베소서 3:2 한

구절만을 끄집어내서 경륜을 시대로 해석하고 그것은 곧 은혜시대이며 은혜시대는 바울과 더불어 시작되었다고 주장하는 것은 성경적 근거가 없는 사적인 해석일 뿐이다.

이와 같은 주장을 우리는 극단적 세대주의(Hyper-Dispensationalism)라고 부른다. 이러한 주장을 하는 대표적인 사람들로는 스탬(Cornelius Stam), 벌링거(Ehtelbert Bullinger), 오헤어(J.C. O. Hair) 등이 있다. 그 외 여기에 속한 신학자들은 다음과 같다. 대표적인 신학자들: 스코필드 바이블, 반하우스(Donald G. Barnhouse), 크리스웰(W.A. Criswell), 스탠리(Charles Stanley), 디한(M.R. DeHaan), 위어스비(W. Wiersbe), 스윈돌(Charles Swindoll), 브룩스(James H. Brooks), 블랙스톤(W.E. Blackstone), 케버라인(Arno C. Caebelein), 채퍼(Lewis Sperry Chafer), 린드세이(Hal Lindsey).

c. 세대주의 전천년기설의 기조

개신교의 신학은 항상 그 교회의 신앙고백서를 만들고 그것에 근거하여 신학을 열거한다. 불행하게도 세대주의는 이전 세대에서도 그리고 이후 세대에서도 이 문제를 논의하면서 공식적인 신앙고백서를 만들지 못했다. 따라서 대표성을 띤 '전형적인 전천년기설'(representative Premillennialism)을 말할 수 없었다. 그 이유는 세대주의 신학자들 사이에도 일치점을 발견하지 못했기 때문이다. 다만 하나의 신조 역할을 할 수 있는 것은 "스코필드관주성경"의 주석이었다(140).

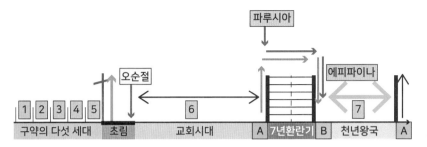

1) 파루시아 : "성도를 위한 강림"(살전 4:15f.) "은밀한 휴거", 성도의 영화
2) 에피파니아 : 열방심판을 위한 재림 A 의인의 부활 심판과/ 악인의 부활 심판
B 7년 환란 동안 순교한 무리들과 구약성도들 부활 / 적그리스도 심판

d. 세대주의 전천년기설의 특징

첫째 특징은 그들의 독특한 성경 해석 방법에 있다.

이들은 하나님의 백성들 가운데 낮은 수준의 사람들도 성경의 의미를 이해할 수 있게 하는 원리에 찬성하여 성경에서 역사적인 내용은 여자(如字)적으로, 문자적으로 해석해야 한다고 주장한다. 나아가 교리적인 내용, 도덕적인 내용 그리고 예언적인 내용도 여자적(如字的)으로 해석해야 된다고 주장한다. 우리는 이것을 미래주의적 해석이라고 부른다.

이들은 세대주의적 전천년설은 원칙적으로 구약성경의 해석 위에 근거하고 있다고 전제하고 구약성경을 여자적(如字的)으로 해석하기만 하면 예언된 이스라엘의 장래가 명백하게 묘사된다고 한다.

둘째 이들은 구속사(救贖史)를 일곱 세대로 나눈다. 구약시대는 다섯 시대로 나눈다.[8]

8) C.I. Scofield(hrsg.), SCOFIELD BIBLE Revidierte Elberfelder Übersetzung Mit Einleitungen, Erklärung und Ketten-Angaben (Wuppertal: R. Brockhaus Verlag, 1997, 4.Aufl.), 5ff.

1) 순결시대(에덴시대) (창 1:28-3:6),
2) 양심시대(노아까지), 아담에서 노아시대까지 (창 3:7-8:14),
3) 인간통치시대(아브라함까지), 노아에서 아브라함 시대까지(창 8:15- 12:1),
4) 넷째, 약속시대(시내산까지), 아브라함 시대에서 모세까지(창 12:1-출 19:1),
5) 율법시대(예수탄생까지), 모세 시대에서 예수 초림까지(출 19:1-행 2:1). 그리고 신약시대는 두 세대로 나눈다.
6) 교회시대(재림까지), 예수 초림에서 재림까지(행 2:1-계 4:1).
7) 왕국시대(재림부터 천년)가 그것이다. 따라서 "전천년기설"은 "재림후 천년기설"로 표기해야 어울린다(계 20:4). 스코필드 성경은 이 부분을 다윗 왕국 시대, 일곱째 세대라고 말한다.[9]

세대주의의 특징은, 이미 앞에서 언급한 대로, 각 세대마다 하나님의 경영하는 방식이 다르다고 가르친다. 다른 말로 세대마다 구원의 방법이 다르다는 것이다.

그리고 세대주의자 헤르만 호이트는 '중보적 왕국' 개념을 통해 세대주의의 특징을 보여준다. 그에 의하면 하나님이 통치하시는 '우주적인 왕국'이 있고 매 세대마다 중보자를 두시고 '중보적 왕국'을 통해 우주적 왕국을 운영하신다는 것이다.[10] 호이트에 의하면 아담과 더불어 시작된 하나님의 왕국이 인간의 범죄로 실패하자 세대마다 중보자를 세우시고 중보적 왕국을 이어갔다는 것이다.[11] 족장들 시대에는 아브라함을 중보적 책임자로 세우시고 출애굽시대에는 모세를, 왕국 시대에는 다윗과 솔로몬

---

9) C.I. Scofield(hrsg.), SCOFIELD BIBLE …, 398. note 43. 44.
10) 호이트(Herman A. Hoyt), "세대주의적 전천년기설"(Dispensational-Premillennialism) in 『천년왕국』(The Meaning of Millennium) ed. by 클라우스(Robert G. Clouse) 권호덕 역 (서울: 성광문화사, 1980), 95ff.
11) 호이트(Herman A. Hoyt), "세대주의적 전천년기설" …, 99.

을, 중보자로 세웠다가[12] 바벨론 포로와 더불어 중보적 왕국은 중단되었다고 한다.[13]

호이트는 예언서들이 구약이 모두 수렴하는 중보적 왕국인 천년왕국을 예언한다고 주장하며, 이 왕국은 다윗의 자손이 그리스도를 통해 완전히 실현된다고 말한다.[14] 그리고 이 왕국의 핵심은 충성되고 중생한 이스라엘의 남은 자들이라고 한다.[15] 문제는 예수 그리스도의 초림 때 유대인들의 불순종으로 이 나라가 이루어지지 못하고 연기되었다고 한다는 것이다.[16] 그 대신에 교회가 등장했다고 한다. 이 말은 중보적 왕국은 오순절에서 재림까지 중지 또는 정지 상태에 있다고 한다.[17] 예수께서 재림하시고 이 중보왕국이 실현되는데 그것이 바로 천년왕국이라는[18] 말이다.

셋째 이들은 문자적(文字的)인 7년 대환난기(大患難期)를 강조한다.
- 7년 대환난기 이전에 예수께서 흰옷 입은 자기 군대와 더불어 공중 휴거 때에 나타나신다. 이때 성도들만 그리스도를 본다.[19]
- 이들은 대환난기 이전에 성도들이 모두 휴거된다고 한다. 즉 예수께서 공중에 재림하시면 지상에 살고 있던 성도들은 모두 영광스러운 몸으로 변하고 죽었던 성도들이 부활한다. 이들은 공중으로 휴거되어 예수를 만나 어린양의 혼인 잔치에 참여한다고 주장한다. 린드세이는 성도들이 휴거되어 가는 장소를 구체적으로 말하지 않고 단순히 영광스러운 장소라고만 표현한다.[20]

12) 호이트(Herman A. Hoyt), "세대주의적 전천년기설" …, 99ff.
13) 호이트(Herman A. Hoyt), "세대주의적 전천년기설" …, 101.
14) 호이트(Herman A. Hoyt), "세대주의적 전천년기설" …, 102f.
15) 호이트(Herman A. Hoyt), "세대주의적 전천년기설" …, 104.
16) 호이트(Herman A. Hoyt), "세대주의적 전천년기설" …, 114.
17) 호이트(Herman A. Hoyt), "세대주의적 전천년기설" …, 119.
18) 호이트(Herman A. Hoyt), "세대주의적 전천년기설" …, 120f.
19) Hal Lindsey, There's a New World Coming (Santa Ana: Vision House Publishers, 1973), 262

즉 성도들은 환난을 당하지 않는다고 가르친다. 이때 지상에는 기존 교회가 사라진다. 이것이 지상의 칠년 대환난 기간이다.

- 대환난기에 대한 내용은 요한계시록 6-19장까지 내용이다.[21] 즉 요한계시록 대부분이 7년 대환난기에 대한 기록이라는 말이다. 이것이 바로 무천년기설의 공격 대상이 되는 것이다.
- 순교자들은 대환난 기간에 구원을 얻게 된다(계 3:21; 20:4).[22]
- 대환난 기간 동안 자연상태에서 구원을 얻은 큰 무리가 있는데 유대인과(계 7:1-8) 이방인(마 25:34)이다.
- 7년 동안 강탈자들을 이 땅에서 추방할 섭리적이고 직접적인 심판이 있을 것이다.[23] 그것이 바로 적그리스도 심판이라고 한다.
- 두 증인은 누구인가? 세대주의자인 핼 린드세이는 모세와 엘리야라고 주장한다.[24] 먼저 엘리야는 말라기 4:5-6에 근거하여 이렇게 말하는데, "말 4:5 보라 여호와의 크고 두려운 날이 이르기 전에 내가 선지자 엘리야를 너희에게 보내리니 6 그가 아버지의 마음을 자녀에게로 돌이키게 하고 자녀들의 마음을 그들의 아버지에게로 돌이키게 하리라 돌이키지 아니하면 두렵건대 내가 와서 저주로 그 땅을 칠까 하노라 하시니라" 여기 "여호와의 크고 두려운 날"을 대환난기 후반으로 본다. 린드세이는 모세와 엘리야가 사역을 끝내지 못하고 죽거나 승천했다고 한다.[25] 이 두 사람이 대환란기에 다시 예루살렘으로 와서 그들의 사역을 완수하고 적그리스도에 의해 죽임을 당한다고 한다.[26] 대환란기 전반기가 끝나면, 즉 7년의 중

---

20) Hal Lindsey, The Late Great Planet Earth (Grand Rapids: Zondervan, 1974. 42nd Ed.), 126.
21) Hal Lindsey, The Late Great Planet Earth …, 132.
22) 호이트(Herman A. Hoyt), "세대주의적 전천년기설" …, 120.
23) 호이트(Herman A. Hoyt), "세대주의적 전천년기설" …, 120.
24) Hal Lindsey, There's a New World Coming …, 162.
25) Hal Lindsey, There's a New World Coming …, 163f.
26) Hal Lindsey, There's a New World Coming …, 164f.

간 쯤에 순교한 두 증인 부활한다(계 11:11).[27]
- 대환난기 마지막에 대환란 때 순교한 큰 무리들이 구약성도들과 동시에 부활한다(계 20:4).[28] 이들은 이때 죽지 않는 영원한 몸을 받는다. 그리고 천년왕국 속으로 들어간다.[29]
- 대환난기 동안 신자가 되는 사람도 있다. 이들은 극한 핍박 중에서 살아남아 1000년 동안 다스리기 위해 그리스도에 의해 취해감을 받는다.[30]
- 요한계시록 12:1에 나오는 여인은 장차 메시아를 낳는 이스라엘이다.[31]
- 144,000은 회심한 유대인이며 그리스도에 의해 7년 환난기 동안 보호를 받으며 짐승에게 절하기를 거부한다.[32]
- 대환난기에 구원 방법: 예수 그리스도에 대한 믿음이 필요하고 율법이 효력을 발휘한다. 이는 이때가 유대인을 위한 경륜으로 보기 때문이다.[33] "유대인들은 대환난 기간 동안 다시 심판받고, 연단 받고, 정화되어 불경건한 것들이 다 제거된 후, 그들을 위해 예비된 왕국에 들어갈 것이다."(ibid.)
- 세대주의는 대환난기를 사람들이 고난을 뚫고 구원을 받을 수 있는 길을 허락하신 유예기간으로 본다.[34]
- 이 기간 동안 천국복음이 유대인들에게 전파되고 대규모 회개 운동이 일어난다. 대부분의 사람들은 하나님을 모독한다. 이 시기는 하

---

27) 호이트(Herman A. Hoyt), "세대주의적 전천년기설" …, 121; Hal Lindsey, There's a New World Coming …, 165.
28) 호이트(Herman A. Hoyt), "세대주의적 전천년기설" …, 121; Hal Lindsey, There's a New World Coming …, 167; Hal Lindsey, There's a New World Coming …, 275..
29) Hal Lindsey, There's a New World Coming …, 275.
30) Hal Lindsey, The Late Great Planet Earth …, 132.
31) Hal Lindsey, There's a New World Coming …, 171.
32) Hal Lindsey, There's a New World Coming …, 197.
33) 인터넷자료, "세대주의란 무엇인가?", 56.
34) 인터넷자료, "세대주의란 무엇인가?", 57.

나님께서 이스라엘을 다루기 시작하는 기간이다.

- 7년 후의 그리스도의 심판과 구원: 7년의 후반부에는 대 환난이 일어나고 적그리스도가 등장하며 하나님의 진노의 대접이 쏟아진다.
- 7년이 지나면 예수께서 그의 군대와 더불어 땅에 내려오시면 만인들이 그를 보게 되고 그리스도는 입에서 나오는 칼로 모든 적들을 파괴하고 환난기간을 거치면서 살아 있는 성도들을 구원하신다.[35)
- 거짓 선지자들, 로마 적그리스도는 불 못으로, 둘째 사망으로 들어간다. 이들은 1000년 뒤에 있는 백보좌 심판대에서 그리스도를 보지 못한다.[36)
- 거짓 선지자와 적그리스도를 심판하신 후에 지상에 생존하며 자기를 거부한 자들을 심판하신다. 이 심판이 마 25:31-46 내용이다.[37) 린드세이는 여기 양들은 대환난기에 봉사할 144,000 유대인 전도자들이라고 해석한다.[38) 이들은 천년왕국기간동안 죽을 수 있는 몸으로 이 땅에 생존한다는 것이다(ibid.).
- 1000년 직전에 천사가 용, 옛 뱀, 사탄을 잡아 무저갱 속에 집어넣음(계 20:1-3). 이 기간이 지나면 예수 그리스도는 어린양의 혼인 잔치에 참여한 성도들과 함께 재림하신다. 그리고 땅에 남아 있던 민족들을 심판하시며 양과 염소를 구별시킨다. 이때 대환난 시기에 죽은 성도들이 부활하며 적그리스도는 멸망을 당한다. 이들은 7년 대환난이 지나면 소위 천년왕국이 도래한다고 주장한다. 즉 7년 대환난기가 끝나면 7째 나팔이 불리고 심판이 이루어지고 천년왕국이 시작된다고 한다.[39)
- 천년왕국: 천년왕국 기간 동안 대환난기에 믿은 성도들은 죄성을

---

35) Hal Lindsey, There's a New World Coming …, 262.
36) Hal Lindsey, There's a New World Coming …, 263.
37) Hal Lindsey, There's a New World Coming …, 263.
38) Hal Lindsey, There's a New World Coming …, 264.
39) Hal Lindsey, There's a New World Coming …, 166.

가진 몸을 지니고 사는데 그들과 그들의 자녀들은 하나님에 대항하여 반란을 일으키는 일을 선택할 수 있다.[40] 이런 몸을 지니고 살지만 승리한 자들은 1000년 말기에 영원한 몸을 받는다.[41]

- 세대주의는 부활을 크게 두 부분으로 나눈다. 첫째 부활, 둘째 부활. 그리고 첫째 부활은 4부분으로 나누어진다. 1) 예수의 부활, 2) 휴거때 부활, 3) 7년 대환난기 끝에 부활, 4) 1000년 후에 죄성을 지닌 사람들 중에 승리한 사람들의 부활.[42] 그리고 둘째 부활은 천년왕국 끝에 있을 악인들의 부활이다.[43]

- 천년왕국은 신자들만으로 시작하지만 이 기간 동안 태어난 수많은 자녀들은 완벽한 환경 속에 살면서도 예수를 자기의 구주로 진실한 마음으로 믿지 않고 사단의 미혹을 받고 반란에 참여한다.[44] 린드세이는 성경이 가르치는 교훈 한 가지를 언급한다. 인간은 부패하여 완벽한 환경이 주어져도 하나님을 거역하는데 이는 인간이 중생해도 치료되지 않은 죄의 쓴 마음 때문이라고 말한다.[45]

- 최후의 심판: 사탄이 1000년 후에 무저갱(無底坑) 속에서 해방되고 전쟁을 계획하고 천년 기간 동안 태어난 이스라엘의 원수인 곡과 마곡의 후손들을 모을 것이다.[46] 이 원수들은 하늘에서 내려온 불로 멸망당하며 그리고 적그리스도와 거짓 선지자 등 악의 동료들은 있는 불못에 던져질 것이다.[47]

- 하나님의 마지막 심판(계 20:11-15): 하나님의 백보좌의 심판의

---

40) Hal Lindsey, There's a New World Coming ···, 272.
41) Hal Lindsey, There's a New World Coming ···, 275.
42) Hal Lindsey, There's a New World Coming ···, 275.
43) Hal Lindsey, There's a New World Coming ···, 279.
44) Hal Lindsey, There's a New World Coming ···, 277; Hal Lindsey, The Late Great Planet Earth ···, 166. .
45) Hal Lindsey, There's a New World Coming ···, 275.
46) Hal Lindsey, There's a New World Coming ···, 277f.
47) Hal Lindsey, There's a New World Coming ···, 278.

목적은 예수를 믿지 않은 자들이 왜 정죄를 받았는가를 보여주기 위함에 있다고 한다.[48]

- 심판대 앞에 놓인 책: 린드세이는 3권의 책을 말한다. 1) 율법의 책, 2) 행위에 대한 책, 3) 생명의 책.[49] 첫째, 둘째 책은 설명할 필요가 없고, 셋째 책에 대한 린드세이의 설명을 살필 필요는 있다. 그는 이 책은 세상에 태어난 모든 사람의 이름을 포함한다고 한다. 그는 사람이 살다가 하나님의 사죄의 은혜를 받지 못하면 생명의 책에서 그 이름에 지워진다고 한다.[50] 또 마음이 강퍅하여 대환난기에 짐승의 표를 받은 자들은 즉시 그 이름이 책명책에서 지워진다고 한다(ibid.). 그는 하나님이 심판대에서 이 책을 펼치실 때 거기에 남아있는 이름은 오직 그리스도를 구주로 믿은 사람들의 이름만 있기 때문에 이 책 이름이 '어린양의 생명책'이라고 변경된다고 한다.

- 지옥: 린드세이는 지옥에 대해 구체적으로 설명하지는 않는다. 다만 마태복음 25:41을 인용하면서 멸망으로 심판을 받은 자들은 마귀와 그 종들을 위해 예비된 영원한 불 속으로 들어간다고 한다.[51] 영원한 천국: 린드세이는 천국을 몇 가지로 분류한다. 휴거 이전에 죽은 성도들은 그리스도와 함께 거하는 한 장소인데 이 곳은 하나님과 영원히 사는 곳은 아니라고 한다.[52] 그는 이미 존재한다는 천국, 이 땅에 이루어지는 천년왕국, 그리고 하나님과 함께 거하는 영원한 집 이 셋으로 나눈다(ibid.). 모든 세대의 성도들이 최후에 거하는 곳은 새로 창조된 땅과 새예루살렘이라 불리는 놀라운 도성이라고 한다(ibid.).

---

48) Hal Lindsey, There's a New World Coming …, 279.
49) Hal Lindsey, There's a New World Coming …, 279ff.
50) Hal Lindsey, There's a New World Coming …, 281.
51) Hal Lindsey, There's a New World Coming …, 282.
52) Hal Lindsey, There's a New World Coming …, 284.

넷째 이들에게는 교회가 주된 관심의 대상이 아니고 이스라엘 왕국이 주된 대상이라는 점이다.

이스라엘은 하나님의 지상 백성인 반면에 교회는 하나님의 하늘 백성이다. 이스라엘은 지상적인 약속을 지닌다. 교회는 하늘의 약속을 지닌다(영생, 하늘나라의 상).

이들에게 있어서 예수 그리스도의 초림은 재림만큼 중요하다. 예수의 초림의 목적은 유대인의 왕국을 세워 다윗의 위(位)에 오르는데 있다고 본다. 이들은 예수의 지상 사역을 거절했기 때문에 그 당시에 하나님의 예언과 목적이 성취되지 못했고 연기했다고 본다. 그 순간에 예언적 시계를 멈추었다고 본다. 그래서 교회가 등장했다고 본다. 교회시대는 이스라엘 왕국이 연기되어 잠정적으로 지상에 존재하는 중보왕국[53]으로 본다. 또 천년왕국의 주축을 이루는 것도 이스라엘로 본다는 점이다.

다섯째 세대주의자들은 주장하기를 구약성도들은 성령으로 중생하지 않는다고 한다.

구약성도들은 또 예수의 몸의 지체도 아니라고 하며 구약에는 예수의 몸이 없다고 주장한다. 또 구약의 성도들은 그리스도와 살아 있는 연합을 가지지 못했다고 한다.

이런 세대주의적 천년기설은 예수의 재림을 간절히 기다리게 하는 분위기도 만들지만, 성도들로 하여금 현실도피적인 성향을 지니게 하며 수도원(修道院)적 이원론(二元論)에 빠지게 한다. 나아가 우리는 이들로부터 기독교 문화 활동을 기대할 수 없다. 한국 장로교회가 기독교 문화 활동에 대해 일찍 눈을 뜨지 못한 원인은 세대주의가 팽배했기 때문인 것으

---

53) 호아트는 구약의 여러 세대들은 각기 대표자를 중심으로 하나님의 나라를 중보한다고 하며 교회로 그런 중보왕국 가운데 하나라고 말하나 린드세이는 여러 세대들의 중보왕국을 말하지 않고 단지 교회만 중보왕국으로 설명한다.

로 판단된다.

e. 역사적 전천년기설과 차이점

역사적 전천년기설(前千年期說)과 세대주의 전천년기설 사이의 차이점[54]은 교회가 대환란 기간을 거치는가 않는가, 공중휴거가 대환란 전에 일어나는가 아니면 대환란 끝에 일어나는가 하는 질문에서 드러난다. 역사적 전천년기설은 교회가 대환란을 겪는다고 가르친다. 대환란 끝에 예수 그리스도께서 큰 능력과 영광으로 재림하셔서 의인들을 살리시고 그를 맞이하기 위해 공중휴거한 성도들을 만나시고 즉시 그들과 함께 돌아와 아마겟돈 전쟁에서 적그리스도 세력들을 파괴하시고 자기 왕국을 세우신다고 가르친다.[55]

세대주의는 공중휴거가 대 환난 이전에 일어난다고 가르치는데 예수 그리스도의 재림이 어느 순간에 경고의 표징도 없이 갑자기 이루어진다고 주장한다. 이때 죽었던 의로운 자들이 부활하고 이들은 살아 있던 성도들과 함께 공중에 계시는 주님을 만나기 위해 비밀스럽게 공중휴거한다. 거기서 7년 동안 머문다.

이 기간에 지상에는 적그리스도가 땅을 통치한다. 요한계시록 6-19장에 기록된 화(禍)들이 땅위에 있는 거주민들에게 임한다. 따라서 세대주의에 의하면 요한계시록 6-19장에 기록된 내용들은 아직 이루어지지 않았다. 이들은 계시록의 이 부분은 미래에 속한다고 주장한다. 이 내용은 공중휴거 사건이 일어나야 이루어진다는 것이다. 역사적 전천년기설과는 달리 세대주의는 수많은 사건들이 7년 기간 내에 집중적으로 일어나는 것으로 해석한다.

이 7년 끝에 그리스도와 성도들이 땅으로 내려오고 유대인들을 핍박

---

54) 안토니 후크마, "무천년기설자의 비판" in 『천년왕국』(The Meaning of Millennium) ed. by 클라우스(Robert G. Clouse) 권호덕 역 (서울: 성광문화사, 1980), 140.
55) 안토니 후크마, "무천년기설자의 비판" ……, 141.

하고 그들을 예루살렘에 가두어버린 적그리스도와 그의 세력들은 아마겟돈 전투에서 멸망당할 것이다. 그리고 천년왕국이 이 땅에 세워진다. 유대인들은 그들의 메시아를 눈으로 볼 때에만 회심한다. 이들은 천년왕국에서 매우 탁월하고 총애를 받는 입장에 놓인다.

　-세대주의의 교회 이해: 세대주의의 또 하나의 특징은 그리스도께서 이 땅에 초림(初臨)하셨을 때, 왕국을 유대인들에게 제공하셨으나 유대인들이 그것을 거절했다는 것이다. 이 나라는 예수의 재림 때까지 거두어가 버렸다고 주장한다. 그 대신에 교회가 개입되었다고 본다. 이 교회는 새로운 기관으로 구약성경이 예언하지 않은 기관으로 왕국 대신에 잠정적으로 세워진 것이다. (a temporary substitute for the Kingdom) 따라서 세대주의자는 "Pre-s" - Pre-tribulation Pre-millennialists라고 불리어진다(141).

f. 여러 세대주의자들의 공통점

1) 하나님의 왕국은 지금 이 세상에 있지 않고 그리스도께서 재림하실 때까지 세워지지 않을 것이다.
2) 세상을 기독교로 회심시키는 것이 현재 복음 시대의 목적이 아니다. 하나의 증인으로서 복음을 만국에 전하고 그들을 경고하고 그들로 심판에 예속시키며 모든 열방으로부터 하나님의 택한 백성 곧 교회의 성도들을 모으는 것이 복음 시대의 목적이다.
3) 그리스도께서 자기 왕국을 세우시기 위해 오실 때까지 세상은 점점 악해지고 계속 악해질 것이다.
4) 그리스도의 재림 직전에 일어나는 사건은 전 세계적이고 보편적인 배도(背道)행위와 극악의 시기가 있을 것이라는 것이다.
5) 우리가 지금 교회 시대의 후반부에 있다는 것과 그리스도의 재림이 가깝다는 것. 아마 이 재림은 현 세대의 생애 이내에 일어날 것이다.

6) 그리스도께서 오실 때 모든 시대의 의인들이 "첫 부활 때" 일으킴을 받을 것이다.

7) 죽은 자들이 부활하며 지상에 살고 있던 성도들이 변화한 사람들과 함께 공중에 주님을 영접하기 위해 끌려 올라간다.

8) 모든 의인들의 심판은 그때 일어나며 이 심판은 주로 상주는 일만으로 이루어진다.

9) 환난 이전과 환난 기간 동안 유대인들이 팔레스타인 땅으로 회복될 것이다.

10) 유대인들은 그들의 메시아를 보자마자 그에게 돌아가며 민족적인 차원에서 회심과 참된 회개가 일어난다.

11) 그리스도께서는 재림하심과 동시에 아마겟돈 전쟁에서 적그리스도와 그의 모든 세력들을 파괴하신다.

12) 아마겟돈 전쟁 후에 그리스도께서는 예루살렘을 수도로 하는 전 세계적인 왕국을 세우시며, 그때 그리스도와 부활한 성도 그리고 변화한 성도들이 천년 동안 의와 평화와 번영 속에서 다스리신다.

13) 이 통치 기간동안 예루살렘 도성과 성전이 복구되며, 잔치와 금식 그리고 제사제도, 의식제도와 희생제사 제도가 다시 복구될 것이다. 물론 이때 기독교적인 정신과 기독교 예배자들에 의해 이 일이 수행된다.

14) 이 황금시대는 자연으로부터 저주가 제거되어 사막에 장미와 같은 꽃이 피며 모든 짐승들의 야성이 변할 것이다.

15) 이 천년왕국 기간 동안 수많은 이방인들이 하나님께로 돌아와서 이 왕국에 합세할 것이다.

16) 많은 사람들이 회개하지 않고 그 마음에 거역하지만 파괴되지는 않는다. 그러나 그리스도의 철장권세로 점검을 받을 것이다.

17) 천년 기간동안 사탄은 결박을 받아 무저갱에 던져질 것이며 지상에서 사라진다.

서사라목사의 천년왕국설에 대한 비판적 고찰

18) 천년 끝에 이 사탄은 잠시 풀려날 것이다.

19) 천년왕국 직후에 잠시 사탄을 우두머리로 하여 악의 세력들이 거칠게 일어나서 반항할 것이다. 그리고 성도들과 거룩한 예루살렘 도성을 장악할 것이다.

20) 악의 세력들은 하늘로부터 던져진 불에 멸망달할 것이다.

21) 모든 시대에 죽은 악인들은 "둘째 부활때" 부활하여 심판을 받을 것이며 마귀와 악한 천사들과 함께 지옥에 던져질 것이다.

22) 하늘과 지옥은 제각기 완성될 것이고 구속함을 받은 사람들의 미래 집으로서 새 하늘과 새 땅은 영원한 상태를 이룰 것이다.

역사적 전천년기설은 주장하기를 그리스도의 재림 이전에 다음과 같은 감지할 수 있는 표적들이 있을 것이라고 한다: 만국에 복음이 전파됨, 배도, 전쟁, 기근, 지진, 적그리스도 또는 죄의 사람의 등장, 대환란. 많은 사람들은 이런 일들이 현세에 볼 수 있을 것이라고 주장한다.

반면에 세대주의는 더 많은 표적들이 있을 것으로 주장한다. 그리스도의 재림 이전의 사건과 연관된 모든 예언들은 지금 성취되어왔으며 따라서 그리스도의 재림은 어떤 한 순간에 문자적으로 일어난다. 의인들은 공중으로 휴거를 당한다. 세대주의자들은 그리스도께서 자기 성도들을 위해서는 비밀리에 재림한다고 주장하며,[56] 가시적인 재림은 7년 후에 그의 성도들과 일어난다고 하는데 그들은 이것을 "계시"(Revelation)이라고 한다(144). 공중 휴거와 더불어 개인에 대한 심판이 이루어지며 그 다음 열방에 대한 심판이 있다. 이때 양과 염소를 분리하는 것처럼 나눌 것이다(마 25:31-46). 열방은 주님의 형제들인 유대인들에 대접한 것에 근거하여 심판을 받는데, 의로운 나라는 천년왕국 안으로 들어가고 악한 왕국은 형벌을 당한다.

---

56) 안토니 후크마, "무천년기설자의 비판" ……, 143.

2. 역사적 전천년기설

역사적 전천년기설이 세대주의와의 차별성을 인식하기 위해서는 다음과 같은 질문에 대답해야 한다.

첫째, 성경해석방법: 역사적 전천년기설의 대표적인 신학자는 죠오지 엘돈 레드(Goerge Eldon Ladd)일 것이다. 그는 역사적-문법적 성경해석 방법을 취하면서 세대주의 신학이 구약의 모든 예언을 문자적으로 해석하는 것을 비판적으로 본다.[57] 이를테면 이사야 53장에 나오는 종은 문자적으로는 메시아가 아니고 무명의 종이다. 그런데 이들은 이것을 메시아라고 해석하는 오류를 범한다는 것이다.[58] 따라서 래드는 신약에 비추어 구약을 해석할 것을 주장하는데 이것은 성경 전체의 통일성을 전제하는 것이다.

둘째, 대환난기 7년에 대한 이해: 역사적 전천년기설은 이 7년을 초림부터 재림 사이의 기간으로 해석한다. 래드(Ladd)는 요한계시록에는 계 11:2을 주석하면서 42개월에 해당하는 3.5때가 두 증인이 사역하는 기간(11:3), 여인이 광야에서 보호를 받는 기간(12:6,14), 짐승이 권세를 부여 받고 만행하는 기간(13:5)임을 지적한다.[59] 그와 동시에 그는 42개월은 적그리스도의 원형이 마지막으로 역사하는 때에 이 세상에서 사탄이 역사하는 기간이라고 해석한다.[60] 그런데 문제는 이 기간이 세대주의가 말하는 문자 그대로 3년 반을 의미하는 것일까? 래드는 초림부터 재림 사이의 이 기간 전체가 말세라고 말하여 문자적 3년 반을 인정하지 않는 것 같다. 래드는 계 12:5을 해석하면서 이 구절은 단지 사탄이 기름부음을 받은 자를 적대시하는 것에 초점을 맞추고 있다고 말한다.[61]

---

57) 죠오지 엘돈 래드, "역사적 전천년기설" in 『천년왕국』 The Meaning of Millennium ed. by 클라우스(Robert G. Clouse) 권호덕 역 (서울: 성광문화사, 1980), 33.

58) 죠오지 엘돈 래드, "역사적 전천년기설" …, 33.

59) George Eldon Ladd, A Commentary on the Revelation of John (Grand Rapids: Eerdmans, 1972), 153.

60) G. E. Ladd, A Commentary on the Revelation of John …, 153.

셋째, 첫째 부활의 의미: 래드는 요 5장의 부활과 엡 2장의 살아나는 것이 계 20장의 부활과 전혀 다름을 지적하면서 계 20장이 말하는 부활은 예수의 재림 때 있을 성도의 첫째 부활임을 지적한다.[62] 래드는 성경은 "둘째 부활"이라는 용어를 사용하지 않음을 주목한다.[63]

넷째, 의인과 악인의 부활 시기: 역사적 전천년기설은 천년왕국을 사이에 두고 그 이전에는 첫째 부활인 성도의 부활이 그 후에는 악인의 부활이 있을 것으로 해석한다.[64]

다섯째, 지상의 천년왕국에 대한 성경적인 증거: 래드는 바울의 말에서 그 증거를 본다.[65] "고전 15:23 그러나 각각 자기 차례대로 되리니 먼저는 첫 열매인 그리스도요 다음에는 그가 강림하실 때에 그리스도에게 속한 자요 24 그 후에는 마지막이니 그가 모든 통치와 모든 권세와 능력을 멸하시고 나라를 아버지 하나님께 바칠 때라 25 그가 모든 원수를 그 발아래에 둘 때까지 반드시 왕 노릇 하시리니 26 맨 나중에 멸망 받을 원수는 사망이니라" 1) 첫 단계: 그리스도의 부활, 2) 그리스도의 뜻대로 원하는 자들의 부활, 3) 예수께서 사탄의 세력을 멸하시고 나라를 아버지께 바칠 때. 래드는 오스카 쿨만의 말[66]을 참조하여 그리스도의 재림과 최종적인 마지막 단계 사이에 간격이 있다고 본다. "그리고 그의 재림과 텔로스 그러니까 그리스도께서 그의 원수들을 완전히 굴복시키실 최후 종말 사이에 또 한 번의 미확인(未確認)된 간격이 있다"[67] 래드는 천년왕국은 그리스도의 메시아 왕국이며 역사속에서 계시되어야 한다고 주장하

61) G. E. Ladd, A Commentary on the Revelation of John …, 169.
62) 죠오지 엘돈 래드, "역사적 전천년기설" …, 52f.; G. E. Ladd, A Commentary on the Revelation of John …, 263f.
63) G. E. Ladd, A Commentary on the Revelation of John …, 268.
64) G. E. Ladd, A Commentary on the Revelation of John …, 267f.
65) 죠오지 엘돈 래드, "역사적 전천년기설" …, 54.
66) 오스카 쿨만, "신약시대의 그리스도의 나라와 교회" in 「The Early Church」 ed. by A.J.B. Higgins (Philadelphia: Westminster, 1956), 111ff. 재인용 죠오지 엘돈 래드, "역사적 전천년기설" …, 55. note 13.
67) 죠오지 엘돈 래드, "역사적 전천년기설" …, 54f.

면서 지상의 천년왕국을 본다. [68)]

여섯째, 1000년을 두고 사탄에 대한 심판: 천년왕국 이전에 사탄이 큰 사슬에 묶여 무저갱 속에 갇힘(계 20:1), [69)] 천년이 지난 후에 잠시 놓였다가 곡과 마곡을 선동하여 마지막 전쟁을 벌이고 영원한 심판을 받음. 즉 래드는 요한계시록 20:7-15 내용을 사탄에 대한 최후의 심판으로 본다. [70)] 말하자면 사탄은 두 단계로 심판을 받는다.

일곱째, 구속사(救贖史)를 일곱 가지 세대로 나누지 않는다.

1: 오순절, 2: 배교와 적그리스도, 3: 재림, 4: 성도의 부활, 사탄의 결박과 무저갱에 갇힘 5: 악인의 부활 6: 악인의 심판, 사탄의 심판.

여덟째, 역사적 전천년기설은 이중 재림과 성도들의 비밀 휴거를 믿지 않는다. 역사적 전천년기설에 따르면 세상의 마지막이 가까우면 적그리스도가 나타나서 큰 환난이 있을 것인데 이 환난을 그리스도인들을 포함한 모든 사람들이 겪을 것이고 환난의 마지막에 주님께서 다시 오실 것이며 주님께서는 적그리스도와 악한 세력을 물리치시고 이 땅에 천년왕국을 건설한다는 것이다. 세대주의 전천년기설을 지지하는 사람들이 말하는 것과 같은 비밀휴거 즉, 예수님의 공중 재림과 같은 구조는 역사적 전천년기설에는 없다. 역사적 전천년기설의 입장에 서있는 사람들이 이렇게 주장하는 이유는 세대주의자들이 말하는 예수님의 이중재림이 도무지 그 근거가 없다는 데 있다.

68) 죠오지 엘돈 래드, "역사적 전천년기설" …, 55.
69) G. E. Ladd, A Commentary on the Revelation of John …, 261f.
70) G. E. Ladd, A Commentary on the Revelation of John …, 269f.

아홉 번째, 역사적 전천년기설은 이방인과 유대인을 나누지 않고 이 둘로 구성된 하나님의 백성을 가르친다.

열 번째, 어린양의 혼인잔치: 래드는 이런 표현이 새 예루살렘은 그 예비한 것이 신부가 남편을 위해 단장한 것 같다는 말을 참조하여 이 잔치는 천년왕국에서 이루어짐을 암시한다.[71]

열한 번째, 안토니 후크마는 역사적 전천년기설이 천년왕국 시대의 상태와 마지막 최종상태의 시기를 다음과 같이 구별한다고 비판한다. "왜냐하면, 천년기 동안에 죄와 죽음이 존재하기 때문이다. 그러나 악은 엄청나게 제약을 받게 되며 의로움이 전무후무할 정도로 온 땅에 퍼질 것이다. 이때는 사회적, 정치적, 경제적 정의의 시대이며 큰 평화와 번영의 때이기도 하다. 심지어 모든 자연만물마저도 이 시대의 축복받은 상태를 반영하게 될 것인데 이는 땅이 유별나게도 많은 생산물을 낼 것이며 사막에서 장미가 피는 것과 같은 일이 이어나게 되기 때문이다"[72]

즉 천년왕국 시기에는 아직 죄와 죽음이 아직 존재한다는 것이다. 래드는 분명하게 성도들은 부활체를 지니고 있지만 열방들의 사람들은 자연적인 몸을 지닌다고 주장한다.[73] 래드는 많은 사람들이 부활체와 그렇지 않는 사람들이 함께 공존한다는 사실을 비판하고 거부하는데, 예수께서 부활하신 다음에 부활체로서 그렇지 못한 제자들과 함께 하셨음을 그 증거로 들며 반박한다.[74]

열두번째, 역사적 전천년설의 입장에 서있는 사람들은 요한 계시록을 해석함에 있어서 그 의미를 요한 당대에서도 찾으려고 하지만, 동시에 미래에 대해서도 의미를 가지고 있는 것으로 생각한다.

71) 죠오지 엘돈 래드, "역사적 전천년기설" …, 48; G. E. Ladd, A Commentary on the Revelation of John …, 250f.

72) 안토니 후크마, 『개혁주의 종말론』, 250.

73) G. E. Ladd, A Commentary on the Revelation of John …, 268.

74) G. E. Ladd, A Commentary on the Revelation of John …, 268.

이러한 역사적 전천년설이 한국교회에 소개된 것은 이눌서(W.D. Reynolds)박사와 박형룡 박사에 의해서이다. 박형룡 박사는 한국교회의 신학 전통을 역사적 전천년기설이라고 말한다. 그런데 한국장로교는 세대주의 영향을 많이 받았는데, 필자가 짐작하기로는, 성결교 신학자인 김응조 박사가 장로교 여러 교회에서 부흥집회 하면서 세대주의적 종말론을 가르친 결과로 그렇게 된 것이다.

3. 후천년기설

후천년기설은 천년왕국 후에 예수께서 재림한다는 견해이다. 말하자면 교회 시대가 바로 천년왕국 시대라는 말이다. 후천년기설의 대표적인 신학자인 로레인 뵈트너(Loraine Boettner)에 의하면 후천년기설은 하나님의 왕국이 복음 선포와 성령의 구원하는 사역을 통해 확산되어 이 세상이 기독교화 되며 예수 그리스도의 재림은 천년왕국이라고 일컫는 의롭고 평화로운 긴 기간 끝에 일어난다고 주장한다.[75] 후천년기설은 두 가지가 있다. 배도가 천년왕국 이전에 있다는 주장과 그 후에 있다는 주장.

1) 배도가 천년왕국 이후에 있는 경우

2) 배도가 천년왕국 이전에 있는 경우

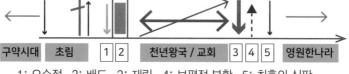

1: 오순절, 2: 배도, 3: 재림, 4: 보편적 부활, 5: 최후의 심판

---

75) Loraine Boettner, The Millennium(Grand Rapids: Baker Book House, 1977. 10th. ed.), 4.

이들은 인류의 엄청난 부분이 구원을 받을 것이라는 소망을 갖는다. 이들이 의지하는 성경구절은 다음과 같다: 시 86:9; 22:27; 2:8; 47:2-8; 72:7-11,17,19; 86:9; 110:1 등이다.[76] 시편 110:1은 그리스도가 모든 것을 정복할 것임을 암시함을 주목한다. 그 외에 이들은 이사야 2:2-3과 에스겔서 47:1-5 다니엘서 2장 예레미야서 31:34, 마태복음의 누룩비유(마 13:33), 요한복음 3:16-17 등을 의지한다.[77] 따라서 이들은 구원을 받은 자들이 매우 많음을 주장한다(30ff.).

둘째, 후천년기설은 이 세상이 점점 개선된다고 주장한다. 이들은 성경이 수많은 언어로 번역되고 천문학적인 수의 성경이 판매된 것을 주목하며 세상이 점점 기독교화 된다는 자기들의 논지를 증명하려고 한다(40f.). 이들은 또 반 기독교 세력이 약화된다고 주장한다(43).

셋째, 후천년기설은 천년왕국 기간 동안 물질적인 번영도 뒤따른다고 주장한다. 여기서 이들이 의지하는 성경구절은 마 6:33, 딤전 4:8, 이사야 35:1 그리고 시편 72:1,2,14-19 등이다. 학교를 통해 지식이 많이 보급되고 기독교가 부흥함을 통해 사회정의도 크게 향상되었다고 주장한다.[78]

넷째, 이들은 의(義)의 황금시대는 갑자기 임하지 않는다고 주장한다. 마치 여름이 오는 것처럼 서서히 오나 어느 순간 갑자기 바꾸어진다는 것이다. 또 중세가 끝나고 현대가 시작되는 것처럼 변한다는 것이다.[79] 따라서 이들은 현세와 황금시대(黃金時代) 사이의 연속성을 주장한다. 그리스도께서 다스리는 이 천년왕국을 통해 이 땅에 있는 악의 요소들이 점점 줄어들고 삶이 개선되다가 그것이 거의 완전한 수준에 이를 때 예수께서 재림한다는 것이다.

76) Loraine Boettner, The Millennium, 23,f.
77) Loraine Boettner, The Millennium, 24,ff.
78) Loraine Boettner, The Millennium, 48,ff.
79) Loraine Boettner, The Millennium, 58,ff.

다섯째, 대환난기는 초림부터 재림 사이를 의미한다.

여섯째, 이들은 천년이란 상징적인 것이지 문자적인 천년왕국을 의미하는 것은 아니라고 주장한다. 성경이 수많은 숫자들이 상징적인 의미를 지니는 것 같이 이 천년도 그러하다는 말이다. 이를테면 요한 계시록에 나오는 144,000명은 문자 그대로 이 숫자만이 구원을 받는 것이 아니라 그 수가 많다는 것을 상징하듯이 천년도 그러하다는 말이다.[80)]

일곱째, 이들은 사람들이 천년왕국 동안 번영을 누리다가 갑자기 하나님과 의로움에 대항하여 반란을 일으키며 이미 세워진 하나님의 왕국을 넘어뜨리려고 한다고 주장한다.[81)] 이들은 "무저갱에 던져 잠그고 그 위에 인봉하여 천년이 지나도록 다시는 만국을 미혹하지 못하게 하였다가 그 후에는 잠간 놓이리라"(계 20:3)라는 구절을 해석할 때 교회시대인 천년왕국시대에는 사탄이 더 이상 속이지 못한다고 하는데 세상이 기독교화되고 있기 때문이라고 한다(68). 그리고 교회시대가 끝나면 잠시 놓임을 받아 사탄들이 반란을 일으킨다고 주장한다(70). 즉 이 기간 동안 모든 민족들은 평화롭게 살 것으로 여기며, 사탄은 결박되어 악은 일시적으로 억제될 것으로 여긴다. 천년이 지난 다음 사탄은 놓여지고 단기간의 반란군을 이끌고 의인들과 악의 세력들 사이의 최종적인 싸움이 있을 것으로 가르친다.

여덟째, 후천년기설의 경우 그리스도가 지상에서 가현적으로 왕권을 수행하는 것을 생각하지 않는다. 교회 시대에는 예수가 육체적으로 나타나지 않는다.

후천년기설은 현대자유주의자들의 19세기 이성 낙관주의 곧 이 땅의 하나님의 왕국은 자연적인 진화를 통해 이루어진다는 주장과 혼동할 수 있다. 뵈트너는 후천년기설이 이런 이성낙관주의와 구별된다고 주장하

---

80) Loraine Boettner, The Millennium, 63,ff.
81) Loraine Boettner, The Millennium, 67.

다. 그는 인간과 이 세상을 너무나 낙관적으로 본 것 같다. 역사는 이 세상이 점점 악해지고 비인간적으로 되고 있음을 보여주고 있다. 과연 예수 그리스도께서 자기 나라를 세우신 이후 이 세상은 복음선포를 통해 개선되었고 기독교화 되었으며 또 악의 세력은 줄어들었을까? 우리는 지금 이 세상이 종교다원주의 운동으로 인해 기독교가 많이 위축되고 있음을 본다. 따라서 후천년기설은 지금은 별 설득력을 가지지 못한다.

4. 무천년기설

무천년기설이라는 용어는 행복스러운 낙원의 의미를 포함한 용어는 아니다. 무천년기설은 예수의 재림 직후에 문자 그대로의 1000년 동안의 지상통치의 왕국을 믿지 않는다. 사실 "무천년기설"이라는 명칭은 그 본래의 내용을 정확하게 표현하지 못한다.

이들이 주장하는 구속사는 다음과 같이 개괄할 수 있다. 도표를 참조할 것.

구약시대 XP초림 1 하나님의 나라 2 3 4 5 영원한나라

1: 오순절, 2: 배도, 3: 재림, 4: 보편적 부활, 5: 대심판

아담스(Jay E. Adams) 교수는 무천년기설을 '이미 실현된 천년왕국설'이라는 용어를 제안했다.[82] 이런 견해는 요한계시록을 해석하는 방법과 연관된다.

a. 실현된 종말론

82) Jay E. Adams, The Time is at hand (Philadelphia: Presbyterian and Reformed Publishing Co., 1970), 7-11.

이들은 하나님의 나라(천년왕국)는 이미 시작되었고 교회시대는 이미 그것을 누리고 있다고 본다. 이 시기는 환난시대이며 선과 악이 공존하는 시대로 본다. "이미 시작된 종말론" 또는 "실현된 종말론"으로서 천년왕국은 다음과 같은 내용을 포함한다. 1) 그리스도는 죄, 사망 그리고 사탄에 대하여 결정적인 승리를 거두었다. 2) 하나님의 나라는 현재적인 동시에 미래적이다. already and yet. 3) 비록 최후의 날은 아직 미래에 있지만 우리는 말세에 살고 있다. 4) 요한계시록 20장의 천년에 관한 한 우리는 바로 그 천년왕국에 살고 있다.

b. 긍정하는 내용

미래적 종말론으로서 무천년기설은 다음과 같은 내용을 긍정(肯定)한다.
1) "때의 징조"는 현재와 미래 둘 다 관련되어 있다.
2) 대환난 기간을 7년으로 보지 않고 예수 그리스도의 초림과 재림 사이의 기간으로 본다.[83] 아돌프 폴(Adolf Pohl)은 무천년설의 "3년 반, 42개월, 1260일"을 다음과 같이 설명한다.

"3년 반, 42개월 그리고 1260일"(Die Einhalb Jahre, Zweiundvierzig Monate und Eintausendzweihundertsechzigtage) Kapitel 11-12.[84]

요한계시록 11:2에 나오는 내용 곧 거룩한 도시가 짓밟히고 42개월의 시작점은 메시아의 십자가 달리신 순간이다. 그 당시 이스라엘은 두 분으로 나누어졌다. 하나는 로마와 엮어져 세속화 되었고, 이스라엘의 핵심 부분은 메시아를 경배했고 이 세상에서 하나님의 제사장 직분을 보존했다.[85] 초대교회는 완전히 유대인의 품안에서 살았고, 믿었으며 선교사

---

83) 안토니 A. 후크마, 『개혁주의 종말론』 류호준 역 (서울: 기독교문서선교회, 1992, 5판), 209ff.
84) Exkurs 7, in Adolf Pohl, Die Offenbarung des Johannes (Wuppertal und Zürich: R. Brockhaus Verlag/ Giessen: Brunnen Verlag, 1989), 286f.
85) Adolf Pohl, Die Offenbarung des Johannes ……, 286.

역을 했다.

계 13:5의 42개월은 계 11:2의 내용과 일치한다. 이 기간은 욕을 당하고 세속화되는 것으로 가득한 시기이다. 이것은 짐승이 바다에서 등장하는 것으로 시작되는데(13:1), 그리스도의 승귀와 연관되어 있고 용이 땅에 떨어지는 것과 연관된다(12:9).[86] 용은 분노하여 자기 피조물들 곧 적그리스도의 무리들과 그의 조력자들을 역사속으로 보낸다(12:18). 이것은 계 6:1과 일치한다. "계 6:1 내가 보매 어린 양이 일곱 인 중의 하나를 떼시는데 그 때에 내가 들으니 네 생물 중의 하나가 우렛소리 같이 말하되 오라 하기로" 그리스도의 승귀 직후에 적그리스도가 등장한다. 그런데 이것은 적그리스도의 원형인지 그 졸개들인지 말하지 않는다.[87]

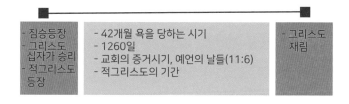

- 계 13:5과 연관하여 42개월의 끝이 언급된다. "계 13:5 또 짐승이 과장되고 신성 모독을 말하는 입을 받고 또 마흔두 달 동안 일할 권세를 받으니라" 예수의 재림 때 짐승의 만행이 끝난다.(계 19:11-20)
- 42개월은 그리스도의 초림과 재림 사이의 기간이다.[88]
- 계 12:6의 1260일은 핍박을 받고 신앙을 고백하는 교회를 보존하는 기간이다. 이것은 계 11:2의 42개월과 일치한다.[89] 핵심 이스라엘이 보존되어 쉼 없이 하나님을 경배하는 시기이다.

86) Adolf Pohl, Die Offenbarung des Johannes ……, 286.
87) Adolf Pohl, Die Offenbarung des Johannes ……, 286.
88) Adolf Pohl, Die Offenbarung des Johannes ……, 287.
89) Adolf Pohl, Die Offenbarung des Johannes ……, 287.

- 계 12:14의 3년 반은 핍박을 받는 교회를 보존하는 시기이다. 교회가 핍박을 받는 시기는 용이 땅에 떨어진 시기이다.[90] 재림으로 이 시기는 끝난다.[91]
- 이 숫자는 다니엘서와 관계한다.[92] 단 7:25, 12:7의 3.5때가 그것이다. 이 시기는 신실한 남은 자들이 원수들에 의해 고난을 당하는 가장 위기의 시기이다. 다니엘의 경우 이 숫자는 계산상으로 이해된다. 특히 단 9:24-27. 다니엘은 최후 심판 전의 마지막 짧은 시기, 인자의 재림 이전의 시기를 생각한다.(단 7:13,26). 이와 더불어 그 목표는 분명해 진다. 그런데 이 시기는 어디서 시작하는가? 이 질문은 매우 많이 논의 되었고 유대인 가운데는 수많은 아픈 절망과 연결되어 있다.

  계시록에서는 이 논쟁이 조정되었다. 마지막 시대의 시작은 이미 고백되어졌고 이미 등뒤에 있다. 그 시작은 그리스도 사건이다. 그리스도의 초림과 더불어 환란의 시기가 시작되었는데 이 시기는 동시에 보호의 시기이다.[93]

  3년 반은 정해진 역사적 배경과 연관되어 있지 않고 항상 선포의 개념이며 상징적인 것이다.[94]

3) 첫째 부활은 육체의 부활이 아니고 중생하는 사건을 의미한다.[95]
4) 그리스도의 재림은 단 한 번의 유일한 사건이다. 즉 그리스도께서 재림하실 때 신자들과 불신자들의 보편적인 부활이 있을 것이다.
5) 부활사건 직후에 그 때 살아 있던 성도들은 갑자기 변형하여 영화로운 몸을 입을 것이다.

---

90) Adolf Pohl, Die Offenbarung des Johannes ……, 287.
91) Adolf Pohl, Die Offenbarung des Johannes ……, 287.
92) Adolf Pohl, Die Offenbarung des Johannes ……, 288.
93) Adolf Pohl, Die Offenbarung des Johannes ……, 288.
94) Adolf Pohl, Die Offenbarung des Johannes ……, 288f.
95) 안토니 A. 후크마, 『개혁주의 종말론』 …, 314ff.

6) 모든 성도들의 공중휴거는 이때 일어난다. 여기 공중휴거는 손님을 마중 나가는 의미로 해석한다.

7) 그 다음 최후 심판이 있다.

8) 이 심판 후에 영원한 상태에 돌입한다.

c. 요한계시록 해석방법

무천년기설은 요한계시록을 해석할 때 무엇보다도 점진적인 평행법을 의존한다.[96] 이 해석법은 윌리암 핸드릭슨이 그의 요한계시록 주석서인 "정복자들보다 더 크신 분"(More than Conquerors)에서 제안한 것으로, 요한계시록은 상호평행적인 내용을 지닌 일곱 부분으로 구성되며 그 각각의 내용은 그리스도의 초림부터 그의 재림 사이의 교회와 이 세상을 묘사하고 있다는 것이다.[97] 이 일곱 중에서 첫 번째 구분은 1-3장 사이인데 요한은 여기서 부활하신 후 영광 중에 계신 그리스도께서 일곱 금 촛대 사이를 왕림하시는 것을 바라본다. 일곱 교회에게 보낸 서신을 읽으면 두 가지 인상을 받는다. 첫째 이 서신에는 요한계시록이 기록되었을 당시의 사건과 인물들 그리고 배후 환경 등에 대해 언급하고 있다. 둘째, 이 서신 속에 포함된 원리, 칭찬의 말 그리고 경고의 말들은 모든 시대의 교회들에게도 적용된다. 사실 이 두 가지 관찰만으로 요한계시록 전권에 대한 해석 원리의 실마리가 주어진 셈이다.

일곱 구획의 둘째 부분인 요한계시록 4-7장은 일곱 인(印)에 대한 환상이다. 여기엔 보좌에 앉으신 하나님, 죽임을 당한 어린양, 일곱 인(印)으로 봉인(封印)된 두루마리, 세상에 대한 심판, 악의 세력 때문에 고난당한 성도들 등등이 나온다.

셋째 구획인 요한계시록 8-11장은 일곱 나팔을 말한다. 교회가 원수

---

96) William Hendriksen, More than Conquerors.

97) 쥬영흠, 『성경에 게시된 예수 그리스도의 재림』(서울: 도서출판 카이로스, 1991), 63ff. 쥬영흠은 핸드릭슨의 논지에 반박하여 일곱 인, 일곱 나팔, 일곱 대접이 서로 맞물리면서 순서대로 일어남을 주장한다.

를 갖고 보호를 받으며 승리하는 것을 본다.

넷째 구획인 요한계시록 12-14장은 여자가 아들을 낳고 있는데 용이 그 아이가 태어나면 삼키려는 환상으로 시작하여 용(龍)이 교회를 핍박하는 내용을 보도한다.

다섯째 구획인 요한계시록 15-16장은 일곱 대접에 대한 환상을 말하며 회개 하지 않은 사람들에 대한 하나님의 진노가 최종적으로 임함에 대하여 묘사한다.

여섯째 구획인 요한계시록 17-19장은 바벨탑의 멸망과 짐승들의 멸망에 대해 언급한다.

일곱째 구획인 요한계시록 20-22장은 용(龍)의 운명과 그리스도의 승리를 서술한다. 이것을 도식으로 표현하면 다음과 같다.[98]

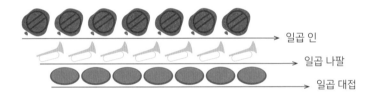

일곱 인

일곱 나팔

일곱 대접

d. 요한계시록 20:1-6 해석

동시에 무천기설은 요한계시록 20:1-6을 상징적으로 해석한다. 그리고 구약예언의 해석법: 세대주의 전천년기설과는 달리 구약을 모두 여자적(如字的)으로 해석하지 않고 상징적으로 해석한다.

요한계시록 20:1-3에 사탄이 결박된 것을 언급하는데, 그것은 무엇을 의미할까? "또 내가 보매 천사가 무저갱 열쇠와 큰 쇠사슬을 그 손에 가지고 하늘로서 내려와 용(龍)을 잡으니 곧 옛 뱀이요 마귀요 사단이라 잡아 1천년 동안 결박하여 무저갱에 던져 잠그고 그 위에 인봉하여 천년

---

98) 안토니 후크마, "무천년기설" in 「천년왕국」,로버트 지 클라우즈 편집. 권호덕 역(서울: 성광문화사, 1995, 7판), 202-206.

서사라목사의 천년왕국설에 대한 비판적 고찰

이 차도록 다시는 만국(萬國)을 미혹(迷惑) 하지 못하게 하였다가 그 후에는 반드시 잠간 놓이리라"

우리는 여기서 1 천년이라는 기간은 얼마나 긴 기간일까 그리고 사단이 결박되었다는 것은 무엇을 의미할까 하는 질문에 대답하면 된다. 후크마는 여기 1 천년은 길이가 불확정한 매우 긴 시간으로 예수 그리스도의 초림과 재림 사이의 기간인 것으로 설명한다.[99] 그럼 사단을 결박하여 무저갱에 감금했다는 것은 무엇일까? 후크마는 이 무저갱을 최후의 형벌의 장소로 이해하지 않고 사단이 1 천년동안 제어당하는 것을 상징적으로 표현한 것에 불과한 것으로 설명한다.(ibid., 209). 후크마는 마태복음 28장에 나오는 예수 그리스도의 지상 명령이 있은 후 복음이 전파될 때 방해하지 못하도록 사단을 제어시킨 것으로 이 문제를 해석한다. "즉 사탄이 결박되어 있는 동안 그는 열방들이 하나님의 진리를 배우지 못하도록 그들을 미혹할 수 없다는 말이다"(210).

후크마는 이런 사실을 뒷받침하는 성경 구절을 몇 군데 언급하고 있다. "사람이 먼저 강한 자를 결박하지 않고야 어떻게 그 강한 자의 집에 들어가서 그 세간을 늑탈하겠느냐?"(마 12:29)(210).

또 70인의 전도자들이 전도한 후에 "주여, 주의 이름으로 귀신들도 우리에게 항복하더이다"라고 말하니 예수께서는 "사탄이 하늘로서 번개같이 떨어지는 것을 내가 보았노라"(눅 10:17-18)고 대답하신 내용도 여기에 속한다.(211).

그리고 후크마는 그리스도의 선교사역과 연관하여 사탄의 세력이 제한받는 사실을 구절을 언급한다. "이제 세상의 심판이 이르렀으니 이 세상 임금이 쫓겨나리라 내가 땅에서 들리면 모든 사람을 내게로 이끌겠노라"(요 12:31-32). 그는 여기 '쫓겨나다'(ekballo)라는 동사가 요한계시록 20:3에 나오는 단어와 일치함을 주목한다(211).

---

99) 안토니 후크마, "무천년기설", 208.

요컨대 후크마는 요한계시록 20:1-3에 기록된 사탄의 결박 상태는 우리가 지금 살고 있는 복음시대 동안에 사탄의 영향력이 너무나 축소되어 사탄은 이제 복음이 세계 여러 나라로 퍼져 나가는 것을 방해할 수 없는 것으로 이해한 것이다.

그 다음 요한계시록 20:4-6절을 해석하는 문제이다.

"또 내가 보좌들을 보니 거기 앉은 자들이 있어 심판하는 권세를 받았더라 또 내가 보니 예수의 증거와 하나님의 말씀을 인하여 목 베임을 받은 자의 영혼들과 또 짐승과 그의 우상에게 경배하지도 아니하고 이마와 손에 그의 표를 받지도 아니한 자들이 살아서 그리스도로 더불어 천년 동안 왕노릇 하니(그 나머지 죽은 자들은 그 천년이 차기까지 살지 못하더라) 이는 첫째 부활이라"

우리는 이 구절을 이해하기 위해 몇 가지 질문을 던진다. 4-6절은 1-3절과 어떤 관계가 있을까? 첫째 부활은 무엇을 의미하는 것일까? 여기 왕노릇하는 사람들은 누구인가?

후크마는 1-3절은 지상에서 일어난 일로, 그리고 4-6절은 하늘에서 일어난 것으로 설명한다(212). 그리고 양쪽이 언급하는 천년은 같은 의미로 이해하고 있다(213). 그리고 그는 여기 다스리는 자들을 순교자들과 이미 죽은 신자들의 영혼이라고 본다(216). 이들이 하늘에서 그리스도와 더불어 하늘에서 다스리신다고 한다9218f.). 그리고 후크마는 여기 첫째 부활을 육체 부활로 보지 않는다(217). 그 이유는 죽은 자 가운데서 육체가 다시 살아난다는 사실이 20장 뒷부분에서 언급되기 때문에 그것과는 구별된다고 한다(217). 후크마는 육체 부활이 두 번 일어난다고 믿는 자 만이 4절의 ezesan을 육체 부활로 이해한다고 주장한다(217). 그러면 여기 첫째 부활은 무엇을 의미하는 것일까? 후크마는 이것이 육체적인 부활을 설명하지 않고 육체적인 죽음으로부터 그리스도와 더불어 사는 하늘나라의 생명에로의 전이(轉移)로 이해하고 있다(221). 후크마는 이 첫째 부활을 중생(重生)으로 이해한 것이다.

요컨대, "이미 시작된 종말론" 또는 "실현된 종말론"으로서 천년왕국은 다음과 같은 내용을 포함한다.

1) 예수 그리스도는 십자가를 통해 죄, 사망 그리고 사탄에 대하여 결정적인 승리를 거두었다.
2) 하나님의 나라는 현재적인 동시에 미래적이다(already and yet).
3) 비록 최후의 날은 아직 미래에 있지만 우리는 말세에 살고 있다.
4) 요한계시록 20장의 '천 년'에 관한 한 우리는 바로 그 천년왕국에 살고 있다. 이 천년은 예수 그리스도의 초림과 재림 사이의 기간이다.

그리고 미래적 종말론으로서 무천년기설은 다음과 같은 내용을 긍정(肯定)한다

1) 성경에 나오는 여러 가지 "때의 징조"는 현재와 미래 둘 다 관련되어 있다. 즉 본문의 역사적 배경에도 의미가 있지만 그것은 동시에 최후의 재림 때의 상태를 예표한다.
2) 예수 그리스도의 재림은 단 한 번의 유일한 사건이다. 이런 점에서 세대주의와는 구별된다.
3) 그리스도께서 재림하실 때 신자들과 불신자들의 보편적인 부활이 있을 것이다. 그 예수의 재림은 단 한번만 있는 것이다.
4) 부활사건 직후에 그 때 살아 있던 성도들은 갑자기 변형하여 영화로운 몸을 입을 것이다.
5) 모든 성도들의 공중휴거는 이때 일어난다. 여기 공중휴거는 손님을 마중을 나가는 의미로 해석한다.
6) 그 다음 최후 심판이 있다.
7) 이 심판 후에 영원한 상태에 돌입한다. 악인은 영원한 형벌의 상태로 의인은 영원한 영광의 상태로 말이다.

그리고 무천년기설(無千年期說)은 다음과 같은 특징을 말한다.

1) 신약과 구약을 하나로 묶는 것은 은혜 계약의 단일성이다.

2) 하나님의 나라는 인간 역사의 주류를 이룬다.

3) 예수 그리스도는 역사의 주인이시다.

4) 모든 역사는 결승점을 향해 전진하고 있다. 즉 전 우주의 구원을 향해서 나아간다.

무천년기설(無千年期說)은 문자 그대로 천년이라는 기간 동안 존속하는 왕국은 없다고 주장한다. 이들은 요한계시록 20장에 나오는 천년을 문자 그대로 천년으로 보지 않고 완전 수(數)로 본다. 이들은 그리스도와 더불어 하나님의 통치가 시작된 나라가 바로 천년왕국으로 보며 그리스도의 재림과 더불어 천년왕국이라는 중간기가 없이 영원한 나라가 시작된다고 가르친다.

이 천년기설은 현재의 삶을 매우 중요하게 여겨 세상을 변혁시키는 일과 기독교 문화를 창달하도록 격려한다. 따라서 영적 전투를 강조한다. 그럼에도 잊어서는 안 될 것은 주께서 재림하시어 모든 것을 새롭게 하기 전까지는 인간의 힘으로는 세상을 변화시킬 수 없다는 사실이다. 너무 문화 변혁에 관심을 집중시킬 경우, 이 세상에 안주하려는 오류를 범할 수도 있다.

5. 요약정리

1) 세대주의는 역사를 7단계로 나누고 매 세대마다 하나님의 경영 방법이 다르다고 주장하며 제 7단계를 천년왕국으로 해석한다. 이들은 천년왕국 이전에 7년간 환난기가 있다는 것, 그때 유대인들이 회개한다는 것, 7년 환난기 전에 성도들만이 휴거가 있다고 주장한다. 그런데 모순되는 것은 천년왕국 안에 영화된 사람들과 죄성을 가진 사람들이 함께 거한다는 것, 혼인잔치를 공중에서 있을 것으

로 말한다. 요한계시록 6-19장을 7년 환난기로 본다. 세상이 불타고 녹을 때 하나님의 백성들이 갈 곳에 대해서는 말하지 않는다. 두 증인은 모세와 엘리야로 본다. 적그리스도를 설명할 때 그 예표들과 원형을 구별하여 말하지 않는다. 이들의 관심은 오직 세상 마지막에 등장하는 적그리스도 원형에게만 있다. 세대주의적 전천년기설은 종교개혁적 신학으로부터 많이 벗어났다고 비판한다.

2) 후천년기설은 교회시대를 천년왕국으로 해석한다. 즉 재림 전에 천년왕국이 이 땅에 실현된다는 말이다. 이들은 세상이 점점 좋아지고 악의 세력이 완전히 없어질 때 예수께서 재림하신다고 주장한다. 문제는 이 세상은 시간이 지나면 지날수록 점점 악해진다는 사실이다. 따라서 이 이론도 인정받지 못한다. 후천년기설도 세상이 불타고 녹을 때 하나님의 백성들이 갈 곳에 대해서는 말하지 않는다.

3) 역사적 전천년기설과 무천년기설은 문자적인 천년왕국 문제를 제외하고는 거의 비슷하다. 그런데 첫 부활에 대한 이해가 다르다. 그리고 이 둘도 세상이 불타고 녹을 때 하나님의 백성들이 갈 곳에 대해서는 말하지 않는다.

요컨대, 기존의 모든 천년왕국설들은 각기 미흡한 점을 지니고 있다.

II. 서사라 목사 천년왕국 이해

서사라 목사의 천년왕국 이해는 그의 저서 요한계시록 해석에서 그 내용을 볼 수 있다. 따라서 여기서는 다음과 같은 그의 저서를 집중적으로 살펴본다. 서사라,『이제도 있고 전에도 있었고 장차 올 자 예수 그리스도 천국지옥 간증수기 5 (성경편 제 3권 – 계시록 이해) 천상에서 주님이 깨닫게 해주신 계시록의 이해와 정리』(서울: 하늘빛 출판사, 2018, 3쇄) [100] 괄호 속의 숫자는 이 책의 페이지 수이다.

A. 현재 하늘 낙원 천국과 지옥

1. 천국의 구조

하늘 낙원 천국은 두 단계로 이루어져 있다. 성(城)안과 성(城)밖에 그 것이다(678). 이 구조는 매우 쇼킹한 내용을 제공한다. 우리는 이 책에서 다음과 같은 천국의 체제를 볼 수 있다.

a. 성(城) 안

- 성안은 이기는 자들(간증수기5, 32f.), 주님을 선택하여 삶을 사는 사람들이 가는 곳이다(32).
- 성(城)안에는 하나님의 영광이 해같이 빛난다(77).
- 예수를 믿고 죽은 자들은 지금 영화로운 몸을 입고 있는 것이 아니라 영체(靈體)로 낙원에 있다(433).

---

100) 아래 문장 끝 부분 괄호 안에 있는 숫자는 서사라 목사 이 저서의 쪽수임.

– 성(城)안에서도 변두리에 살면서 농사짓는 자들이 있다(100, 328).
  서사라 목사는 자신의 육신의 아버지가 거기 있음을 말한다(148).
– 그녀의 아버지는 이전에는 큰 공장 건물 같은 곳에서 다른 사람들
  과 공동체 생활을 했다고 한다.
– 그런데 이제는 혼자 초가집에서 산다고 한다(306).
– 법궤 속에 있던 세 가지는 모세의 궁에 있었다(102). 그런데 벧세메
  스 사람들이 두 가지를 꺼내었다고 한다(120).
– 성안은 바울이 본 천국(131)이며 스데반이 있는 곳(424)이다.
– 낙원 안에는 새예루살렘성이 있다(424).

b. 성(城) 밖

– 성밖은 천국레벨에서 황금계단을 약 150개 내지 200개 아래에 위
  치해 있다(517).
– 성밖은 이기지 못한 삶을 살았던 자들, 매 순간 주님으로 사는 삶이
  아니라 나로 사는 삶을 사는 자들이 가는 곳이다(간증수기5, 32f.).
– 성밖에는 젊은이들이 흰 옷 입고 있으며 이들에게는 온전한 자유가
  없고 두 팔이 뒤로 묶여 있으며 매를 맞는다고 한다(33, 14, 261,
  517).
– 성밖에는 유명한 목사들 내지 대형교회 목사들이 쇠창살 안에 갇혀
  있다(37, 518).
– 성밖에는 또한 큰 나무 기둥을 어깨에 매고서 힘겹게 끌고가는 이
  들이 있는 곳이다(518).
– 성밖에는 첫 사랑을 회복하지 못한 자들이 가는 곳이다(42).
– 이들은 이름이 흐려지는 자들이다(69).
– 이들에게는 영광의 빛이 없고 그래서 이들이 있는 곳은 바깥 어두
  운 곳이다(77).
– 성밖은 바깥 어두운데 슬피 울며 이를 가는 장소이다(402f.)

- 성밖은 거짓말 좋아하여 지어내는 자들이 가는 곳이다(425f.)
- 성밖의 쇠창살 안에 있는 자들을 지키는 천사들이 있다(66). 유명한 목사들이 쇠창살 안에 갇혀 있다(518, 800).
- 성밖에 있는 자들은 자기 죄를 모르는 자들이다(147).

2. 지옥

- 지옥에 가는 사람들(38): 여기서는 이 문제를 논하지 않는다.

B. 환난 전 공중휴거

- 한국 전쟁이 있고 공중휴거가 있으며, 그 다음 짐승의 표를 받는 일이 일어난다(265). 공중휴거는 후삼년 반 전(前)에 일어난다(266). 즉 공중휴거는 여섯째 인 뗀 후부터 후삼년 반에 일어나는 대환난(일곱째 나팔) 사이에 일어난다(157).
- 살전 4:16-18에 나오는 공중휴거는 강제로 표를 받기 전인 '후 삼년 반' 전에 일어난다. 먼저 죽은 자들이 부활하여 주님과 함께 공중에 임하고 지상에서 휴거될 자들이 들려올라간다(266).

C. 7년 환란

0. 7년 평화언약

- 단 9:27에 의하면 적그리스도가 한 이레인 7년 환란 전에 나타나 많은 사람들과 7년 평화언약을 맺는다(181, 237, 240, 244, 683). 적그리스도는 전 삼년반 동안에는 평화정책을 편다.
- 무저갱과 바다에서 올라오는 짐승은 적그리스도가 아니라 악한 영

이다(683). 이 영이 적그리스도 안에 들어가 후 삼년반 동안 성도를 괴롭힌다(684)
- 계 12장에 나오는 해를 입은 여자는 이스라엘이다. 후 삼년반에 이들은 예비처에서 보호를 받는다(264).

1. 환난 거침

- 휴거되지 못하고 대환난에 들어간 자들은 순교하거나 살아남아서 추수되어 천년왕국에 들어간다(76, 267).
- 후 삼년반 동안 하나님의 종들로 이마에 인침을 받았으나 대환난 전에 공중휴거 되지 못하고 대환난을 통과하면서 짐승의 우상에게 절하지 않고 짐승의 표를 받지 않는 자들로서 살아서 구름 위에 앉은 이에게 추수된 자들이다(계 14장)(267).
- 이방인 무리들은 큰 환난에서 나오는 흰 옷 입은 무리들이다(267).
- 계 7:9-14에 나오는 능히 셀 수 없는 큰 무리, 큰 환난에서 나온 자들로서 믿음을 지킨 자들이다(273f.).
- 144000 유대인들이(151f.) 피난처 광야에서 삼년 반 동안 핍박을 피한다고 했다(155f.). 계 12:6에 의하면, 여자는 이스라엘 12지파 144,000이다. 144,000 유대인들이 대환난 후에 휴거된다(266). 이들은 큰 환난에서 나온 흰옷 입은 무리들(267, 331)로서, 그 여자의 남은 자들(계 12:17)인데 계명을 지키며 대환난을 통과한 자들이다(332).
- 인침을 받은 자들 중에 공중휴거 당하지 못한 자들, 곧 적그리스도와 거짓 선지자들의 압박을 거절하고 큰 환난에서 나온 자들인데 666표 받지 않고 큰 환난을 거치면서 회개하고 끝까지 믿음을 지킨 자들(156, 159)로서 인침을 받은 이방인이다.

전 삼년 반에 일어나는 일

1) 적그리스도의 나타나 7년 평화조약을 맺은 때부터 시작된다(158, 685). 이것은 여섯째 나팔이 불고, 인구 3/1이 죽은 이후부터 시작된다(158).

2) 두 증인이 나타나 사역하는 이 시기의 시작을 알리는 것이다(158, 685, 688). 이 기간은 그들의 사역기간이다. 이 두 증인은 예수 그리스도 안에서 하나 된 유대인과 이방인이다(689). 두 증인은 두 감람나무인데 기름 발리운자 두 사람이다(슥 4:14; 계 11:3-4) (219, 690). 두 증인은 짐승에 의해 죽임을 당한 이 땅위에 사는 사람이다(691).

두 증인은 7년 조약 후에 일한다(237, 240). 두 증인은 예수를 온 인류에게 구세주로 증거하는 사람들, 두 감람나무, 두 촛대이다 (217, 218).

계 11:7에 의하면, 두 증인이 전 삼년반 동안 증거 마치고 무저갱에서 나온 짐승에게 죽임을 당한다(182). 그리고 이들은 전 삼년반 일하고 죽임을 당한 뒤에 삼일 반 후에 부활한다(218). 이들은 바다에서 올라온 짐승에 의해 죽임을 당한다(613).

3) 계 11:1-12에 의하면, 이 시기에 제 3성전이 지어지고 그 바깥뜰이 이방인들에 의해 짓밟힌다(685f.).

4) 계 13:1ff.에 의하면, 첫 짐승이 사람인 적그리스도 안에 들어가 42개월 일할 권세를 부여한다(183). 바로 이 짐승이 위에서 언급한 두 증인을 죽인다(183). 그리고 계 13:11-18에 의하면 이 시기에 다른 짐승이 거짓 선지자 안에서 일한다(184).

후삼년 반에 일어날 일

서사라목사의 천년왕국설에 대한 비판적 고찰

- 7년 언약을 맺는 자가 적그리스도가 악한 영 짐승이 그 속에 들어가면, 돌변하여 마각을 드러낸다(684, 686).
- 두 증인은 적그리스도에 의해 죽임을 당하고 부활하여 하늘로 올라간다. 이들은 새로운 몸을 입고(248) 부활과 동시에 공중휴거 된다(614).
- 계 12:12-14에 의하면, 후 삼년 반 곧 666표를 강제로 받게 하는 적그리스도 만행시기가 지나면, 유대인 144,000이 하나님 보좌 앞으로 올라간다(709).[101]
- 이 시기에 큰 성 바벨론성이 무너지고(계 18:14-24)(655f.), 계 12:1-17에 의하면 해를 입은 한 여자가 아이를 해산하게 되어 부르짖는다(695f.).
- 이 시기에 144000명 예비처로 옮겨져 특별한 양육을 받는다(계 14:1-5) (698).
- 이방인들은 믿음을 지키기 위하여 순교하거나 쫓겨 다닌다(698).
- 7년 대환난기 후반에 666표 받지 않고 순교한 자들은 천년왕국에 들어갈 때 부활한다(393f., 725).
- 이때 배도하는 일이 있고 불법의 사람이 등장한다(살후 2:2-4; 계 19:11-21) 그리고 아마겟돈 전쟁으로 나아간다(351).

2. 제 2차 공중휴거 (계 14: 14-16)와 지상의 7년 환란

- 계 14:1-5에 나오는 유대인 144000은 여섯째 인을 뗀 후에 계시록 7장 4절에 나오는 그 이마에 인(印) 맞은 유대인의 수 144,000을 말하며 이들은 다섯째 나팔 불리워졌을 때에 무저갱에서 나오는 황충들에 의하여 고통당하지 아니하고 적그리스도가 나타나 666표

---

101) 계 14:1-5에 보면 144,000이 하늘 보좌에서 새노래를 부르는 것을 보아 이들이 보좌 앞으로 올라간 것을 알 수 있다.

를 강제로 받게 하는 사건 이후, 후 삼년반 이후에 하늘로 올리워진다. 즉 휴거된다 (164f.).

- 유대인 144,000명 7년 환난 후에 공중휴거 한다(164). 또 환난기의 해를 입은 한 여자(이스라엘)와 아들 (계 12:1-17) (250f., 330f.). -계 14:1-5 이스라엘 인 144000명 예비처에 숨어 666표를 받는 기간에 숨어 있음(251). -부활되어 하늘로 올라감(252f., .333).
- 비(非)유대인: 이마에 인(印) 맞은 사람들 중에 적그리스도에게 절하지 않고 666표 받지 않는 자(253), 살아남은 자 추수되어 휴거함(254). -비유대인 가운데 짐승에게 절하지 않고 666표 받지 않다가 순교한 자들 (계 14:11-13) (254, 264, 388).
- 대환난기에 순교당한 자들은 천년왕국 들어가기 직전에 부활한다(256f., 304, 394).
- 두 증인은 후 삼년 반에 부활하여 휴거한다(165).

※ 우리는 이 시기에 3가지 휴거사건이 있음을 볼 수 있다(유대인 144,000, 두 증인, 666표 받지 않고 추수된 자들).

3. 아마겟돈 전쟁

- 계 16:12-16에 의하면, "여섯째 대접을 쏟으면 인간과 신과의 전쟁인 아마겟돈 전쟁이 예비되는 것이다"(208, 745). 계 16:17-21에 의하면, "이 아마겟돈 전쟁은 일곱째 대접이 쏟아진 후에 일어난다"(745).
- 주님은 하나님 우편에 앉아 계시다가 아마겟돈 전쟁 때 백마(白馬) 타고 내려오신다(697).
- 그 결과 적그리스도와 거짓 선지자가 산 채로 유황불에 던져진다(207, 336, 656). 즉 아마겟돈 전쟁에서 적그리스도와 거짓 선지자가 산 채로 유황불 못에 던져짐(336, 699).

서사라목사의 천년왕국설에 대한 비판적 고찰

- 후 삼년반에 짐승과 거짓 선지자와 하늘에서 오는 예수와 전쟁이 있는데 이것이 아마겟돈 전쟁(684)이다. 소위 신과 인간의 싸움, 곧 주님의 군대가 적그리스도 무리들과 싸운다(350). 이때 큰 성 바벨론이 무너진다(656).
- 살후 2:2-4에 의하면 불법의 사람 멸망의 아들이 나타나면 아마겟돈 전쟁이 일어난다(351). 계 19:11-21에 의하면, 백마 탄 자가 입에서 나오는 검으로 대적을 제거하며 아마겟돈 전쟁은 하루에 다 끝난다(495).
- 슥 14:1-3은 아마겟돈 전쟁을 말한다(480).
- 계 17:14은 아마겟돈 전쟁을 설명하는 것이다(336).
- 천년왕국 전후로 각기 7년 전쟁이 있다(겔 39:9-12).

4. 무저갱

- 무저갱과 지옥은 다르다. 지옥에는 바닥이 있으나 무저갱에는 바닥이 없다(235f.).
- 아마겟돈 전쟁 이후 마귀는 무저갱에 감금당한다(656).
- 무저갱 체험: 바다 속에 있는데 내려가도 끝이 없는 빈 공간 같은 곳으로 영적인 공간이다(658).

D. 천년왕국

1. 천년왕국 시작과 성(城)안

- 슥 14:7-9에 의하면, 아마겟돈 전쟁이 끝나고 천년왕국으로 들어 가는 날, 그 날에 생수가 예루살렘에서 솟아나 절반은 동해로 절반 은 서해로 흐를 것이다(749).
- 다니엘서의 70이레 마지막이(단 9:27-27) 천년왕국 시작이다 (376f.). 다니엘의 거룩한 성(단 9:24)은 천년왕국이다(377).
- 대환난기에 죽임을 당해 그 영혼은 하늘에 올라갔으나 그 몸은 천 년왕국 직전에 부활하여 천년왕국 안으로 들어간다(304).
- 에스겔서의 마른 뼈 부활에 이어 천년왕국이 나온다(366f.).
- 천년왕국의 장소는 지구상의 이스라엘의 산이다(369) 슥 14:1-11 은 아마겟돈 전쟁 직후에 천년왕국으로 들어감을 말한다(370).
- 천년왕국은 에덴동산과 같다(겔 36:34-35)(371).
- 천년왕국에는 부활된 자들만 들어가므로 애를 낳지 않는다(391).
- 혼인잔치가 일어나는 곳은 천년왕국이다(계 19:7-14) (470).
- 슥 14:1-15은 천년왕국에 대한 내용이다(496ff.).

2. 성(城)밖

- 천년왕국에 들어가지 못한 자들은 성밖에 산다(370).
- 천년왕국 바깥에 살면서 예수를 믿는 자들이 있다(420). 계 20:9에 성도들의 진(陣)이 있다고 하니 천년왕국 바깥에서도 천년동안 예 수를 믿는 자들이 생겨난다(421). 천년왕국 바깥에서 아이 낳고 죽 고 하면서 이기는 자들은 그 끝에 하나는 낙원으로 들어가고 이기 지 못한 자들 곧 다른 하나는 음부로 들어간다(445).
- 아마겟돈 전쟁 때 예루살렘을 치러온 자들 중에 살아남은 자들인데 100년 정도 살고 죽고 또 태어나고 죽고 하면서 살아 있으면서 초 막절에 예루살렘으로 올라가는 자들(계 20:7-10) (479). 이들이 성도들의 진을 형성하며, 곡과 마곡은 하나님의 사랑하시는 성인

예루살렘과 이 성도들의 진에 대항하여 싸운다(479).

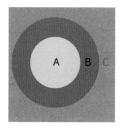

A : 예루살렘 성
B : 성도들의 진(陣)
　　(초막절 지키러 온 자들)
C : 곡 마곡
　　계 20장(480)

E. 천년왕국 마침

- 사탄이 무저갱 옥(獄)에서 놓이고 곡과 마곡을 미혹하여 싸움 붙인
  다(368f., 446, 479).
- 곡과 마곡 전쟁에 참여하는 자는 아마겟돈 전쟁에서 살아남은 자들
  가운데 대환난기를 거치면서 베리칩을 받고 아들딸 낳고 천년동안
  모래알의 수처럼 번성한 사람들이다(733).
- 계 20:7-10과 겔 38:18-22에 의하면, 곡과 마곡은 하늘에서 내
  려온 불에 소멸 당한다(365 368, 479, 657).
- 곡과 마곡의 전쟁은 7년 동안 지속되며 그 이후의 일은 벧후 3:3-
  14 그리고 계 20:7-12 내용과 일치한다(377-379).
- 하늘이 불에 타고 큰 소리로 떠나가고 모든 체질이 불에 녹고 현재
  하늘과 땅이 없어진다(446, 657).
- 아마겟돈 전쟁 때 예루살렘을 치러온 자들 중에 살아남은 자들은
  천년왕국 바깥에서 100년 정도 살고 죽고 태어나며 초막절을 지
  키러 예루살렘으로 올라간다. 이들이 성도들의 진(陣)을 이룬다
  (479). 나중에 곡과 마곡이 이들을 공격하는 것을 보면 이것은 천
  년왕국 이후에 있을 전쟁을 의미한다.

- 마귀는 유황불못에 던져져서 영원토록 괴로움을 당한다 (계 20:7-12)(379). 여기는 이미 짐승과 거짓선지자가 천년왕국이전 아마겟돈전쟁으로 유황불못에 던져져 있다.
- 이 땅이 불에 타고 모든 요소가 불에 녹아 없어지기 전에 천년왕국에 들어갔던 자들은 하늘 낙원에 있는 새 예루살렘성으로 옮겨진다 (446, 506).
- 둘째 부활에 참여하는 자는 1) 음부에 있던 모든 자들, 2) 낙원에 있으면서 이기지 못한 삶을 살은 자들, 3) 천년왕국 기간에 성 바깥에 살면서 예수를 영접하여 이기는 삶을 살은 자들이다(453).

F. 백보좌 심판과 그리스도 심판대

- 곡과 마곡 전쟁 이후에 지금 보이는 땅과 하늘이 없어지고 백보좌 심판이 열리며 그 다음 새 하늘과 새 땅이 열린다(380f.).
- 계 20:14-15에 의하면, 생명책에 이름이 없는 자는 불못에 던져진다(420).

백보좌 심판의 대상은 다음과 같다.
- 예수를 믿으나 첫째 부활에 참여하지 못하여 그 영혼은 하늘 낙원(성밖)에 있으나 이기는 삶을 살지 못하여 백보좌 심판 때 둘째 부활에 참여하는 자들이 이 심판을 받는다(420).
- 천년왕국 성(城)바깥에서 살면서 믿은 자들이다(420). 계 20:9에 의하면 이들은 "성도들의 진(陣)"을 이루는데, 일정한 시간동안 살다가 죽은 이들의 영혼은 다 낙원에 있으면서 이 둘째 부활에 참여한다(421).
- 둘째 부활에 참여한 음부에 있는 자들은 백보좌 심판을 거친다(421).

- 음부에 있는 모든 영체들이 둘째 부활에 참여하여 영원히 썩지 않고 멸하지 않는 몸을 입는다. 이들은 생명책에 이름이 없기 때문에 영원한 불못에 던져지게 된다(434).
- 백보좌 심판대에 서는 자들은 죽은 자들 모두, 음부에 있는 자, 하늘 낙원에 있으나 천년왕국에 못 들어간 자, 이기지 못한 자들이다(444).
- 하늘 낙원에 들어온 성(城)밖의 사람들도 천년왕국 이후에 부활하여 백보좌 심판대 앞에 선다(445).
- 백보좌 심판대에 앉는 분은, 마 10:28에 의하면, 몸과 영혼을 지옥에 멸하는 자이다(428). 그는 주님이시다(435ff., 619)

F' 그리스도 심판대

서사라목사는 요한계시록은 '그리스도의 심판대'라는 말을 언급하지 않음을 지적한다(619). 계시록 20장이 백보좌 심판대라고 하지만 예수 그리스도가 앉으시므로 그리스도의 심판대라고도 할 수 있다고 한다(619). 백보좌 심판대는 믿는 자들에게는 그리스도의 심판이 된다는 것이다(620).

- 이 **심판의 대상**은 하늘 낙원에 있는 자들로서, 이기는 삶을 살지 못한 자들, 둘째 부활에 참여하는 자들이 이 심판을 받는다(421, 434). 이들은 천년왕국에 들어가지 못하고 백보좌 심판이 일어날 때 둘째 부활때에 부활하지만 그리스도 심판대에서 선악간에 심판을 받는다(434).
- 천년왕국에 들어가지 못하고 성(城)바깥에 산 자들은 천년동안 살고 죽으면서 예수를 믿은 자는 낙원에 가고 믿지 않는 자는 음부에 간다(434).
- 이기는 삶을 살지 못하여 첫째 부활에 참여하지 못한 자들이 서서

심판을 받는다(619).

- 그리스도 심판대에는 예수를 주로 시인하고 영원한 불 못에서 구원받은 죽은 자들이 서게 된다(619).
- 이 심판대에서는 예수를 구세주로 믿은 자들에 대한 행위심판이 일어나는 것이다(619).
- 주안에서 죽은 자들은 이미 낙원에서 그 상(償)이 결정되었다(447).
- 첫째 부활에 속한 자들로서 이기는 삶을 산 자들이 이 심판을 받는다(446).
- 그리스도 심판대의 심판자는 주님 예수 그리스도이다(619, 620).
- 그리스도 심판대의 심판 시기는 그리스도의 심판대는 새 땅에 새 예루살렘이 내려오기 전에 일어난다(619).
- 이 심판의 목적은 새 예루살렘성 성(城)안으로 들어갈지 성(城)밖으로 갈지를 결정하는데 있다(421, 619).

G. 영원천국과 불못

1. 영원천국의 성(城)안

- 이기는 삶을 살아서 첫째 부활에 참여하고 천년왕국을 거친 자들은 다시 하늘 낙원으로 돌아갔다가 백보좌 심판을 거치지 않고 새 예루살렘성에 있다가 이 성이 내려 올 때 내려와 새 하늘과 새 땅으로 내려온다(421).

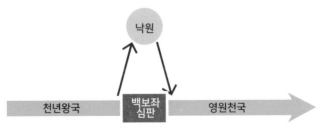

서사라목사의 천년왕국설에 대한 비판적 고찰

- 마 22:2-14과 계 19:7-8에 의하면, 세마포 입은 자들은 첫째 부활에 참여하며 이들은 '천년왕국'을 거처 '영원천국'으로 들어가는 자들이다(524f.).
- 천년왕국 성(城)바깥에서 아이 낳고 죽고하면서 살던 사람들 가운데 한 부분은 낙원으로, 다른 한 부분은 음부로 간다(445).
- 사 65장에 나타난 천년왕국은 영원천국에 관한 것이다(301f.). 사 65장은 계 21장과 일치한다(302). 영원천국에서는 아이들이 죽지 않고 100세 이상 산다(305).
- 지금 보이는 땅과 하늘, 해, 달, 별은 없어지고 새 하늘과 새 땅이 도래한다(305, 678).
- 하늘 낙원에 있던 믿음의 선진들의 집들도 새 예루살렘성을 타고 '영원천국'으로 내려온다(677).
- 이기는 삶을 살아서 첫째 부활에 참여한 자들은 새 하늘과 새 땅이 열리고 새 예루살렘성이 내려올 때에 영원천국의 성(城)안으로 들어간다(445).
- 계 22:14-15에 의하면, 두루마리를 빠는 자들은 성(城)안으로 들어간다(450).
- 계 21:9-10에 의하면, 천년왕국 이후에 낙원의 새 예루살렘으로 올라갔다가 그것과 함께 내려와 영원천국에 산다(474).
- 계 21:22-27은 성안의 광경을 스케치 해주는데(475) 어린 양의 피에 두루마기를 철저하게 빤 자들, 세마포 입은 자들이 들어가는 곳이다(476).
- 혼인잔치는 천년왕국을 거처 영원 천국에까지 지속된다(526).
- 아담과 하와가 범죄하자 세상나라에 대한 권세가 마귀에게 넘어가고 큰 바벨론성이 무너짐으로 세상나라가 다시 예수 그리스도에게 넘어간다(654).
- 새 하늘 새 땅은 무진장 클 것이다(678).

2. 영원천국의 성(城)밖

- 두루마기를 빨지 못하는 자들은 성(城)밖 곧 새 하늘과 새 땅의 성(城)밖에 남는다(450).
- 계시록 21장 8절에서 말하는 죄 항목과 거의 같은 죄 항목이라도 성(城)밖으로 쫓겨나는 자들은 아직 성령이 떠나지 아니한 즉 양심에 화인(火印)을 맞은 상태는 아닌 자들이다(451).
- 마 22:8-13에 의하면, 성(城)안에는 예복입은 신부들이, 성(城)밖에는 예복입지 아니한 이름이 흐려진 자들이 간다(474f.).
- 계 21:27은 성(城)밖의 광경을 보여주는데, 속된 것이나 가증한 일 또는 거짓말하는 자들이 있는 곳이다(475).
- "계 22:15 개들과 점술가들과 음행하는 자들과 살인자들과 우상 숭배자들과 및 거짓말을 좋아하며 지어내는 자는 다 성(城) 밖에 있으리라" 이들은 이기지 못하는 자(450) 아직 성령이 떠나지 아니한 즉 양심에 화인 맞은 상태는 아닌 자들이다(451).
- 예복을 입지 않고 이름이 흐려진 자들이 성(城)밖으로 쫓겨 간다(473, 476, 477).
- 예수는 믿었으나 이기지 못하는 삶을 살은 자들이 가는 곳이다(474).
- 신약성경은 성밖을 바깥 어두운 곳이라고 표현한다(475).

G'. 불 못

- 계 20:15에 의하면, 생명책에 기록되지 못한 자는 불 못에 들어간다(428). 1) 히 6:4-6 말씀 처럼 한번 비췸을 받았으나 타락한 자들이 여기에 속한다(806). 2) 짐승의 표 666을 받은 자들(807), 3) 그리고 성령 훼방죄를 범한 자들이 여기에 속한다(807).

- 불 못에 던져지는 자는 "1) 두려워하는 자, 2) 믿지 않는 자 등등"으로 표현한다(449f.). "계 21:8 그러나 두려워하는 자들과 믿지 아니하는 자들과 흉악한 자들과 살인자들과 음행하는 자들과 점술가들과 우상 숭배자들과 거짓말하는 모든 자들은 불과 유황으로 타는 못에 던져지리니 이것이 둘째 사망이라"
- 계 21:8 그리고 히 6:4-6에 의하면, 우리가 죄를 지어도 양심에 화인을 맞아서 성령이 떠난 경우에는 불 못에 떨어진다(451).

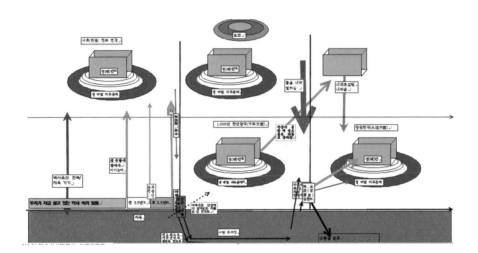

III. 내용 정리와 비판적 평가

A. 내용정리

1) 서사라 목사는 세대주의자인가? 세대주의자들이 천년왕국이전에 7년 환난기가 있다고 주장한 점에서 그리고 천년왕국이 이루어 가는 과정에 대한 설명 곧 7년 환난기, 천년왕국, 곡 마곡 전쟁, 대심판, 영원천국 순서로 이루어진다는 점에서 그렇게 비슷하게 보인다. 그런데 이런 과정의 내용은 다르다. 그리고 서목사는 구원의 역사 전체를 7단계로 나누지 않는다는 점에서 그들과는 거리가 멀다. 그런데 서목사의 성경 해석 내용이 특별하기 때문에 기존 천년왕국설자들의 질문이 많이 있을 것이다.

2) 서사라 목사는 '현재 하늘 낙원'의 구조와 '천년왕국'의 구조 그리고 '영원천국'의 구조는 다음과 같이 동일하다고 증거한다. 1) 성(城)안, 2) 성(城)밖, 3) 지옥. 즉 천국은 영광스러운 곳인 성(城)안과 어둡고 고통의 장소인 성(城)밖 이 둘로 나누어진다는 것이다. 이 문제는 그 동안 그 누구도 지적하지 못한 부분이다. 서목사는 특별한 체험으로 천국과 지옥을 둘러보고 증거하는 방식으로 이것을 말하며 이것을 뒷받침하는 성경적 근거를 어리석은 다섯 처녀나 한 달란트 받은 자가 "바깥 어두운 곳에서 슬피 울며 이를 간다"라는 것 같은 구절에서 암시되고 있다고 본다. 천국의 성 밖에 대한 성경적 근거를 말한다.

필자의 눈에는 사실 생명과일이 있는 곳인 에덴동산 그리고 아담이 에덴동산에서 쫓겨 나와서 사는 곳 이 둘은 성(城)안과 성(城)밖에 대한 그림을 제공해 준다. 그런데 아직 기독교 신학 역사 속에서 이런 내용은 한 번도 거론되지 않았기 때문에 많은 질문이 쏟아질 수 있을 것이다. 필자가 바라기는 비판가들은 이런 발언에 대해 자기 잣대로 일방적으로 비판하기 보다는 이런 성경 구절들에 대한 주석적인 논의가 먼저 있어야 한다는 것이다. 그 다음 서목사의 발언을 재검토 하며 평가를 내려야 할 것이다.

3) 서사라 목사는 첫째 부활을 예수 그리스도의 재림 때 있을 공중휴거 직전에 있는 것으로 이해하고 첫째 부활이 매우 중요함을 강조한다. 이는 첫째 부활에 참여하는 자는 어떤 환난도 거치지 않고 천년왕국을 거쳐 마지막 영원천국에 들어간다고 보기 때문이다.

이 문제는 두 가지 전천기설에게도 낯설지 않으나 첫 부활을 요한복음 5장에 나오는 중생(重生)으로 보는 무천년기설이나 후천년기설의 비판이 있을 것으로 예상 된다. 이들은 그 동안 전천년기설자들의 주장을 이런 식으로 비판해 왔다. 그런데 과연 첫째 부활을 중생으로 볼 수 있는가에 대해서는 논의가 더 필요할 것 같다.

4) 서사라 목사에 의하면, 적그리스도 원형이 등장하는 것은 7년간 평화조약을 맺는 것을 통해 알 수 있다고 한다. 물론 이 7년 평화조약 발언은 다니엘서 9:27에 근거한다. 즉 적그리스도는 먼저 평화 공세를 통해 민심을 얻고 그 다음 대권을 장악하고 독재자의 근성을 보여준다는 말이다.

역사속에서 등장하는 수많은 적그리스도의 예표인물들이 항상 처음에는 평화 공세(攻勢)한다는 점에서 우리는 이런 사실을 주목할 필요가 있다. 이들은 대권을 완전히 장악했다고 판단하는 동시에 전체주의 독재적 만행을 저지른다. 이런 점에서 적그리스도의 원형도 두 단계 곧 먼저는 평화적인 제스처를 취하고 그 다음은 잔혹한 독재체제를 구축할 것으로 보는 것이다.

7년이라는 기간을 문자적으로 해석하는 것을 싫어하고 예수 그리

스도의 초림과 재림 사이로 이해하는 후천년기설과 무천년기설은
여기에 동의하지 않을 것이다. 유감스럽게도 이들은 적그리스도의
'먼저 웃음 그 다음 마각(馬脚)' 두 단계 성격에 대해 왜 지적하지
않는지 궁금하다. 이들은 배도의 시기를 지나면 적그리스도가 갑자
기 등장한다고 본다. 우려되는 것은 많은 신학자들이 자기 신학의
이념에 깊이 빠진 나머지 성경본문의 의도를 놓치게 될 위험을 지
니고 있다는 점이다.

5) 서목사의 다음과 같은 증거는 린드세이의 주장과 유사하다. 첫째,
이방인들 중에 인침을 받은 자들 중에 공중휴거 당하지 않은 자들
이 큰 환난을 거치면서 끝까지 믿음을 지킨 자들은 이 기간이 끝나
면 부활하여 천년왕국에 들어간다. 둘째, 144,000 이스라엘 사람
들은 후 삼년반 동안 피신처에 있다가 휴거된다. 다만 린드세이는
이들이 7년간 그리스도의 보호를 받는다고 주장한다. 그런데 서목
사의 주장을 살펴보면 그는 린드세이가 모르는 내용을 구체적으로
설명함을 볼 수 있다.

후천년기설이나 무천년기설은 이런 주장에 대해서는 강력하게 비
판한다. 이는 이들은 문자적인 7년의 환난기를 인정하지 않기 때문
이다. 하나의 신학은 시간이 지남에 따라 스스로 반성하게 되어 있
다. 지금까지 스스로 주장한 바가 과연 옳은 것인가 하고 말이다.
하나의 신학적 해석은 시간이 많이 지남에 따라 틀린 것으로 판명
되는 일이 허다한 것이다. 심지어 종교개혁자들의 해석들도 시간이
많이 지나간 다음 더러는 무리한 해석으로 판명되었다. 따라서 이
전의 많은 신학들은 21세기라는 우주공학시대라는 새로운 신학 정
황 속에서 새로운 성경주석적인 논의가 필요하다고 본다.

6) 두 증인이 7년 환난기 초기에 등장하여 전 삼년반 동안 일하고 후
삼년 반에 무저갱에서 나온 짐승에게 죽임을 당한다. 그리고 죽은
지 삼일 만에 부활하고 휴거한다. 서목사는 두 증인을 모세와 엘리

서사라목사의 천년왕국설에 대한 비판적 고찰

야로 보는 린드세이와는 달리 이 증인들을 어떤 기름부음을 받은 두 사람으로 본다. 기존 교회가 두 증인을 교회라고 보는데 이에 대해 서목사는 해당하는 성경 구절을 자연스럽게 인용하며 두 사람임을 주장하는데 그의 설명은 문법적으로 보아 매우 이치에 맞아 보인다. 이런 사실은 기존 천년왕국설자들이 어떻게 반응할지 기대된다.

7) 서목사에 의하면, 아마겟돈 전쟁은 백마 타고 오신 주님과 적그리스도 무리들 사이의 싸움이며 이때 큰 성 바벨론이 무너지고 마귀는 무저갱 속으로 들어간다고 한다. 여기서도 서목사는 린드세이보다는 이 전쟁을 보다 구체적으로 설명한다.

8) 천년왕국에 대한 서목사의 설명은 린드세이보다 더 구체적으로 납득이 가는 설명을 시도한다. 이를테면, 70이레 마지막이(단 9:27-27) 천년왕국 시작이라든가(376f.), 다니엘의 거룩한 성은 천년왕국이라든가(377), 에스겔서의 마른 뼈 부활에 이어 천년왕국이 나온다든가(366f.), 천년왕국의 장소는 지구상의 이스라엘의 산이라든가(369) (슥 14:1-11), 천년왕국은 에덴동산과 같다든가(겔 36:34-35)(371), 천년왕국에는 부활된 자들만 들어가므로 애를 낳지 않는다든가(391) 등이다. 물론 이런 내용에 대해 후천년기설이나 무천년기설은 성경적인 증거를 요구할 것이다. 사실 서목사는 이 모든 것들에 대하여 실제적으로 그녀의 책에서 성경적으로 설명하고 있는 것을 본다.

9) 서사라 목사는 천국을 두 단계 곧 성(城)안과 성(城)밖으로 나누기 때문에 기존 세대주의자들이 성 안에 영화로운 몸을 가진 자들과 죽을 수 있는 몸을 지닌 자들이 함께 거한다는 모순을 극복하게 한다. 서목사는 천년왕국 성(城)바깥에 죽을 수 있는 몸으로 살면서 예수를 믿는 자들이 있고(420) 천년왕국 바깥에서도 천년동안 예수를 믿는 자들이 생겨난다고 한다(421). 나아가 서목사는 천년왕

국 바깥에서 아이 낳고 죽고 하면서 천년왕국이 끝날 즈음에 하나는 낙원으로 다른 하나는 음부로 들어간다고 말한다(445). 이 부분 역시 기존 신학에서는 매우 낯설어 정밀한 성경해석적인 논의가 요구될 것이다.

10) 서목사의 경우 혼인잔치가 일어나는 곳은 천년왕국이며(계 19:7-14)(470), 슥 14:1-15은 천년왕국에 대한 내용이라고 한다 (496ff.) 나아가 이 잔치가 영원천국에서도 이루어진다고 한다. 이에 비해 린드세이는 공중 혼인잔치만 말한다.

그런데 여기서 필자에게 생기는 질문이 있다. 우리가 알기로는 주께서 재림하시면서 하나님이 천지만물을 창조하시면서 기대하셨던 안식상태가 이루어진다. 안식 상태란 하나님이 창조하신 만물이 인간을 중심으로 모두 삼위일체 하나님을 향하여 예배하고 봉사하는 상태인데, 즉 피곤한 줄 모르고 하나님의 뜻을 위해 일하는 상태인데, 어떻게 혼인잔치가 계속되는 것일까 하는 것이다. 서목사는 안식상태를 혼인잔치로 보는 것 같다.

11) 서목사에 의하면, 아마겟돈 전쟁 때 예루살렘을 치러온 자들 중에 살아남은 자들인데 천년왕국 성(城)밖에서 100년 정도 살고 죽고 또 태어나고 죽고 하면서 살아 있으면서 초막절에 예루살렘으로 올라가는 자들이 있다(계 20:7-10) (479). 이들이 성도들의 진(陳)을 형성하는데, 곡과 마곡은 이 진(陳)과 하나님의 사랑하시는 성(城)인 예루살렘을 둘러싼다고 한다. 전쟁에서 살아남은 자들이 성 밖에서 살면서 초막절을 지키러 예루살렘에 온다는 이 내용도 세대주의가 묘사하는 것보다 더 구체성을 띤다. 이 내용도 면밀한 성경해석적 논의가 요구 될 것이다.

12) 서목사는 천년왕국이 지난 후에 있을 곡과 마곡의 전쟁을 설명하면서 전쟁에 참여하는 자들의 출처를 구체적으로 설명한다. 즉 천년왕국 기간이 마쳐지면 사탄이 옥에서 놓이고 곡과 마곡을 미혹

하여 싸움 붙인다(368f., 446, 479). 서목사는 스가랴 14장을 참조하여 곡과 마곡 전쟁에 참여하는 자는 아마겟돈 전쟁에서 살아남은 자들로 천년왕국 성(城)밖에 거하는 자들인데, 이들이 예수를 믿게 되어 성도의 진(陣)을 이루고 이 진(陣)과 예루살렘성에 대항하여 곡과 마곡이 전쟁을 한다는 것이다(733). 그리고 주님께서 곡과 마곡을 불로 소멸하신다(365 368, 479, 657) (계 20:7-10, 겔 38:18-22). 곡과 마곡 전쟁 이후의 일은 벧후 3:3-14 그리고 계 20:7-12) 내용과 일치한다고 하며 이른바 7년 전쟁이라고(377) 한다.

13) 서목사에 의하면, 하늘이 불에 타고 큰 소리로 떠나가고 모든 체질이 불에 녹고 현재 하늘과 땅이 없어진다(446, 657). 이때 짐승, 거짓 선지자, 마귀와 함께 유황불에 던져져 영원토록 괴로움 당하고 있고(계 20:7-12) (379), 천년왕국에 들어갔던 자들은 하늘 낙원에 있는 새 예루살렘 성으로 옮겨진다(446, 506)라고 한다. 사실 이 점은 서목사의 독특한 주장으로 다른 모든 천년기설자들이 답을 주지 못한 내용이다. 이 문제를 두고 성경해석적인 논의가 있을 수 있으리라 여겨진다. 무천년기설도 주께서 재림하실 때, 지각(地殼)에 대 변동이 있음을 말한다. 그런데 유감스럽게도 그 기간에 성도들은 어디에 가 있는가에 대해서는 침묵한다.

14) 서목사에 의하면, 둘째 부활에 참여하는 자는, 한편으로는 음부에 있던 모든 자들, 낙원 성밖에 있으면서 이기지 못한 삶을 산 자들, 다른 한편으로는 천년왕국때 성(城)밖에 살면서 예수를 영접하여 이기는 삶을 산 자들이다(453). 역사적 전천년기설이나 세대주의 전천년기설은 둘째 부활에는 악인들만 참여한다고 주장한다. 그런데 서목사는 천년왕국 성(城)밖에서 살면서 예수를 믿은 자들도 이때 부활한다고 하는데 이 문제 역시 치열한 논의의 대상이 될 수 있을 것이다.

15) 서목사는 "백보좌 심판"과 "그리스도의 심판" 두 가지를 말하며 각각의 특징을 지적한다. 백보좌 심판은 불못에 들어가는 자들을 심판하는 곳인 반면에, "그리스도 심판대"는 성(城)안으로 들어갈지 성(城)밖으로 들어갈지를 결정하는 심판이다. 이런 점은 다른 천년기설들은 언급하지 않는 내용으로 성경해석적인 논의가 요구될 수 있을 것이다.

16) 서사라 목사가 성도들의 이마에 십자가 인치는 사역과 더불어 짚고 넘어가야 할 것은 그녀가 이 사역 현장에 대해 묘사하는 내용이 에스겔서 9:3-4 내용과 정확하게 일치한다는 사실이다. "그룹에 머물러 있던 이스라엘 하나님의 영광이 성전 문지방에 이르더니 여호와께서 그 가는 베 옷을 입고 서기관의 먹 그릇을 찬 사람을 불러 여호와께서 이르시되 너는 예루살렘 성읍 중에 순행하여 그 가운데에서 행하는 모든 가증한 일로 말미암아 탄식하며 우는 자의 이마에 표를 그리라 하시고" 서목사가 영(靈)의 눈으로 본 것 곧 천사들이 나타나 인치는 것을 본 내용은 성경이 에스겔서 이 부분이 묘사하는 내용과 똑 같다는 것이다. 이런 점에서 그의 증거는 무게 있게 논의해야 된다고 여겨진다. 서목사는 이마에 십자가를 그리는 것을 보았다고 한다. 이 문제를 잘 이해하기 위해서는 이 글 위에 나오는 부록논문을 읽어 보기를 바란다.

B. 비판적 평가

1) 서사라 목사는 그의 모든 발언을 성경에 근거하여 설명하고 있다. 그의 저서에는 신학자들의 말을 인용하는 일은 보이지 않는다. 서목사는 성경을 집중적으로 분석하고 해석을 시도한다. 서목사는 그의 저서에서, 해석하기 힘들거나 애매한 성경구절의 내용을 확인하는 측면에서, 천국에서 주님이나 믿음의 선진들과 질문하고 대답을

듣는 일이 빈번했는데, 이런 점에서 천국으로 다녀온 다른 사람들과는 차별된다. 대부분의 사람들은 천국과 지옥을 다녀와서 기행문 식으로 보고하는 것 같다.

2) 기존 교회 풍토는 새로운 주장이 등장하는 경우 기존의 주장과 다를 경우 매우 부정적으로 단죄하려는 성향을 보여주고 있다. 이것은 예수 시대의 바리새인들도 그러했다. 왜곡된 보수주의 신학자들도 이런 오류를 범해왔다. 이들은 사실상 진리를 보수하는 것이 아니라 자기들의 기득권을 보수하는 것으로 드러난 것을 자주 볼 수 있다. 이런 데서는 신학적인 발전을 기대할 수 없다.

우리는 신학 발전을 위해 보다 다른 접근을 할 필요가 있을 것이다. 먼저 점검해야 될 것은, 그것이 성경에 부합한 것인가, 그 사람이 자기를 위한 어떤 무엇을 도모하는 것은 아닌가, 인간을 구원하시는 하나님의 마음으로 하는가 하는 것이다. 개혁신학의 생리는 교회 앞에 전개되는 새로운 정황을 보면서 끊임없는 신학적인 반성을 하며 성도들을 위한 바른 로드맵을 제공하는데 있다. 선입관에 얽매어 일방적인 비판을 해서는 안 될 것이다. 이런 자세는 결국 이념적 비판이 될 수 있기 때문이다. 서목사의 특이한 주장을 평가할 때도 신중할 필요가 있다.

3) 천국과 지옥 그리고 천년왕국에 대한 서목사의 주장은 확실히 기존 교회에서는 충격적인 것으로 보여진다. 우리는 이것을 신학발전의 한 계기로 삼을 수는 없을까? 매우 놀라운 것은 이전에는 알려지지 않은 성경의 중요한 진리가 특별한 사건 때문에 부각되어 드러나는 경우가 있다. 이를테면 중세는 공로신앙으로 구원을 얻는다는 사상이 팽배하여 성경 속에 하나님의 의 또는 이신칭의 진리를 발굴할 수 없었다. 그런데 루터가 자기 구원 문제 때문에 몸부림치다가 이 위대한 사상이 규명된 것이다. 기존의 성경해석이나 기존 신학으로만 만족한다면 신학의 발전은 기대할 수 없을 것이다. 서목사의 증

언들은 이런 시각으로 바라볼 필요가 있다고 본다.

4) 어떤 신학이 자기 패러다임에 갇혀서 그 틀로만 해석하려고 할 때는 성경에서 새로운 진리를 발굴할 수 없을 것이다. 이것도 일종의 이념에 빠지는 오류를 범하기 때문이다. 세대주의 전천년기설, 역사적 전 천년기설, 후천년기설, 그리고 무천년기설 이 4가지 중에 어느 하나도 절대적인 것으로 말할 수 없다. 이들의 주장을 살펴보면 자기들이 만들어 놓은 이념의 틀로 신학을 형성하고 그것을 고집하고 나아가 다른 주장을 비판한다는 느낌을 준다.

그런데 이들 모두 자기 한계를 지니고 있다. 세대주의가 7세대를 나누고 각 세대마다 하나님의 경륜이 다르다는 것은 성경 전체를 일관성 있게 해석하는 언약신학과는 크게 충돌된다. 후천년기설은 19세기 이성낙관주의와 영합하여 성경을 해석함으로써 역사적으로 이미 틀린 것으로 판명되었다. 역사적 전천년기설과 무천년기설은 문자적 천년왕국을 제외하고는 거의 비슷하다. 그런데 이 둘은 첫째 부활을 두고 일치를 보지 못한다. 그리고 이 둘 다 이 세상이 불타고 체질이 녹을 때 구원의 백성들이 어디로 갈 것인가에 대해서는 침묵하고 설명하지 않는다. 이 '어디 갈 것인가?'라는 문제에서 서 목사는 나름대로 성경에 근거하여 명백하게 대답을 준 것으로 보인다. 다만 성경을 어떤 시각으로 해석하느냐에 달려 있다.

5) 기존 개신교 신학은 성경이라는 문헌을 그 주된 자료로 취급한다. 개혁신학은 여기에 어떤 영적인 체험으로 성경을 해석하는 일이 허용될까? 아마 허용되지 않을 것이다. 개혁신학은 우선 성경을 문법적으로 그리고 역사적으로 해석하는 일에 익숙하기 때문이다. 그러나 그런 체험이 성경을 깊이 해석하는 문제와 맞물려 있고 충격을 준다면, 이런 체험은 교회와 신학 발전에 큰 자극으로 받아들일 수 있다고 본다. 즉 특별한 영적인 체험이 지금까지 발견되지 않은 성경진리를 발견하는 계기가 된다면 고려의 대상이 될 수 있다고 본다.

어떤 신학을 비판하고 평가할 때 가장 중요한 기준은 성경전체가 요구하는 내용을 추구하는가 하는 것이다. 성경은 하나님께서 천지만물을 자기 왕국으로 창조하시고 건설하셨음을 가르친다. 그리고 그 중심에 인간이 자리를 차지함을 보여준다. 문제는 인간이 범죄하고 타락하여 하나님의 목적에 빗나간 것이다. 이것을 회복하기 위해 예수 그리스도와 성령이 오신 것이다. 그리고 타락한 인간을 하나님께로 돌아오게 하는 사역이 교회를 통해 이루어지는 것이다. 필자가 서목사의 저서들을 읽으면서 감동을 받은 것은 그의 모든 사역이 죄인들을 회개하여 하나님께로 돌아가게 하는데 있다는 점이다. 말하자면 하나님이 가장 바라시는 일에 올인 하고 있는 것이다. 그가 천국과 지옥에 가서 놀라운 것을 보고 듣고 와서 전하는 내용 그 자체를 전하는 목적이 불신자들을 회개케 하는데 있다는 점에서 매우 높게 평가한다. 서목사의 저서를 바르게 이해한 사람들은 그녀의 강조점이 바로 여기에 있음을 간파할 것이다. 서목사 저서에는 자기의 영달을 위하거나 자기의 어떤 이익을 위하는 그런 시도는 전혀 보이지 않는다. 오직 그녀의 관심은 하나님의 뜻이 이루어지는데 있다.

필자가 보기엔 서목사는 성령으로 일하고 있다. 만일 성령으로 일하는 사람을 악의적으로 그 모든 사역을 부인하고 왜곡된 방식으로 비판을 한다면 성령 훼방죄를 범할 수 있음도 염두에 두는 것이 좋을 것이다. 이런 점에서 그녀의 특별한 발언은 신중하게 평가해야 되고, 평가할 경우에는 기존 성경해석에 대한 성찰 있는 반성(反省) 내지 반추(反芻)가 있어야 될 줄로 여겨진다. 사실 하나의 신학이란 영원한 것은 아니다. 이전의 주석(註釋)이 나중에는 틀린 것으로 판명될 수도 있기 때문이다. 전천년기설, 후천년기설, 무천년기설 등등. 일정한 시간이 지나면 그것이 과연 옳은 것인지에 대한 반성이 요구되고 나아가 수정이 가해지는 것이다. 서목사의 증언과 발언에 대해 진지하고 건설적인 평가가 필요하다고 본다.

이마에 '십자가 표'를 그리라

2019 04 04

권호덕 교수

BHS(히브리어 구약성경)

Ezekiel 9:4

4 וַיֹּאמֶר יְהוָה (אֵלוֹ) [אֵלָיו] עֲבֹר בְּתוֹךְ הָעִיר בְּתוֹךְ
יְרוּשָׁלָ͏ִם וְהִתְוִיתָ תָּו עַל־מִצְחוֹת הָאֲנָשִׁים הַנֶּאֱנָחִים
וְהַנֶּאֱנָקִים עַל כָּל־הַתּוֹעֵבוֹת הַנַּעֲשׂוֹת בְּתוֹכָהּ׃

LXX 70인경

Ezekiel 9:4 ⁴ καὶ εἶπεν πρὸς αὐτόν διέλθε μέσην τὴν Ιερουσαλημ καὶ **δὸς τὸ σημεῖον** ἐπὶ τὰ μέτωπα τῶν ἀνδρῶν τῶν καταστεναζόντων καὶ τῶν κατωδυνωμένων ἐπὶ πάσαις ταῖς ἀνομίαις ταῖς γινομέναις ἐν μέσῳ αὐτῆς

라틴어 성경 Biblia Sacra Iuxta Vulagatam Versionem[102]

겔 9:4 et dixit Dominus ad eum transi per mediam civitatem in medio Hierusalem et **signa thau** super frontes virorum gementium et dolentium super cunctis abominationibus quae fiunt in medio eius.······ 9:6 ······ super quem videritis thau ne occidatis

겔 9:3 그룹에 머물러 있던 이스라엘 하나님의 영광이 성전 문지방에 이르더니 여호와께서 그 가는 베 옷을 입고 서기관의 먹 그릇을 찬 사람을 불러 4.여호와께서 이르시되 너는 예루살렘 성읍 중에 순행하여 그 가운데에서 행하는 모든 가증한 일로 말미암아 탄식하며 우는 자의 **이마에 표를 그리라** 하시고

겔 9:3 이스라엘의 하느님의 영광이 자리잡고 계시던 거룹에서 떠올라 성전 문턱으로 나오시어 모시옷을 입고 필묵통을 허리에 찬 그 사람을 부르시며 4 말씀하셨다. "너는 예루살렘 시내를 돌아다니며, 그 안에서 일어나는 모든 발칙한 짓을 역겨워하여 탄식하며 우는 사람들의 **이마에 표를 해주어라.**"

겔 9:3 이스라엘 하나님의 영광이 이제까지 머물러 있던 그룹에서 떠올라 성전 문지방으로 옮겨갔다. 그는 모시옷을 입고 허리에 서기관의 먹통을 찬 그 사람을 부르셨다. 4 주님께서 그에게 말씀하셨다. "너는 저 성읍 가운데로 곧 예루살렘으로 두루 돌아다니면서, 그 안에서 일어나는 모든 역겨운 일 때문에 슬퍼하고 신음하는 사람들의 **이마에 표를 그려 놓아라.**"

---

102) Biblia Sacra Iuxta Vulagatam Versionem Adiuvantibus Bonifatio OSB, Iohanne Gribomont OSB, H.F.D. Sparks, W. Thiele, Recensuit et Brevi Apparatu Instruxit robertus Weber OSB. Editio Altera Emendata Tomus II Proverbia – Apocalypsis Appendix (Stuttgart: Württembergische Bibelanstalt, 1975. Zweite, verbesserte Aufl.)

겔 9:3 그룹 천사 사이에 머물러 있던 이스라엘 하나님의 영광의 광채가 올라와서 성전 문지방에 머물렀다 그때 여호와께서 가는 모시 옷을 입고 서기관의 먹그릇을 찬 그 사람을 불러 4.말씀하셨다. '너는 예루살렘을 순회하면서 그 성에서 행해지는 모든 더러운 일 때문에 탄식하고 우는 자들의 **이마에 표를 하라.**'

0. 들어가면서

요한계시록 7장은 이마에 인치는 문제를 언급한다. "계 7;1 이 일 후에 내가 네 천사가 땅 네 모퉁이에 선 것을 보니 땅의 사방의 바람을 붙잡아 바람으로 하여금 땅에나 바다에나 각종 나무에 불지 못하게 하더라 2 또 보매 다른 천사가 살아 계신 하나님의 인을 가지고 해 돋는 데로부터 올라와서 땅과 바다를 해롭게 할 권세를 받은 네 천사를 향하여 큰 소리로 외쳐 3 이르되 우리가 우리 하나님의 종들의 이마에 인치기까지 땅이나 바다나 나무들을 해하지 말라 하더라 4 내가 인침을 받은 자의 수를 들으니 이스라엘 자손의 각 지파 중에서 인침을 받은 자들이 십사만 사천이니" 우리의 질문은 인친 내용이 무엇이냐 하는 것이다. 요한계시록은 그 내용을 말하지 않는다. 놀랍게도 에스겔서 9:4은 그 내용을 분명하게 보여준다.

에스겔서 9:4의 히브리어 원문은 "그 이마에 타우(ת)를 그리라"(וְהִתְוִיתָ תָּו)라고 한다. 다른 문자도 많은데 왜 타우를 그리라고 했을까? 여기서 타우가 무엇인지를 규명하지 못하면 이 구절의 의미를 알 수 없다. 유감스럽게도 우리말 성경을 포함한 많은 역본들은 그 인(印) 내용을 말하지 않는다. 따라서 먼저 에스겔서로 눈을 돌려야 한다.

1. 에스겔 시대의 히브리어 문자

우리말 번역에는 에스겔서 9:4은 "표를 그리라"고 기록되어 있는데 원문 그대로는 "타우를 그리라"이다. 에스겔 자신은 그 당시에 이것을 어떻게 표현했을까? 여기서 타우(ת)란 무엇일까? 이것은 히브리어 맨 끝 글자이다. 그러면 하나님께서 왜 히브리어 맨 끝 글자를 그리라고 했을까? 에스겔이 사용한 히브리어는 "옛 이스라엘 문자"(Die althebräische Schrift)였다.[103] 이 문자는 지금 우리가 가지고 있는 히브리어 성경(BHS)의 문자와는 다르다. 매우 흥미롭게도 아래 도표의 두 번째 열(列) "옛 이스라엘 문자"에서 타우는 곱셈표와 비슷하다.[104] 에스겔시대의 알파벳은 둘째 줄의 문자를 사용했던 것이다.

3	4	5	6	7	8
א	⫫	'	Aleph	1	A
ב	⪫	b	Beth	2	B
ג	⫃	g	Gimel	3	Γ
ד	⪦	d	Daleth	4	Δ
ה	⪫	h	He	5	E
ו	⧸	w	Waw	6	Y
ז	⫝	z	Zajin	7	Z
ח	⨅	ḥ	Chet	8	H
ט	⊘	ṭ	Tet	9	Θ
י	⸍	j	Jod	10	I
כ/ך	⫝⫝	k	Kaph	20	K
ל	⨏	l	Lamed	30	Λ
מ/ם	⫝⫝	m	Mem	40	M
נ/ן	⫝⫝	n	Nun	50	N
ס	◯	s	Samech	60	Ξ
ע	⊙	'	Ajin	70	O
פ/ף	⫝⫝	p	Pe	80	⊓

---

103) Ernst Jeni, Lehrbuch der Hebräischen Sprache des Alten Testaments (Basel und Frankfurt am Main: Verlag Helbing & Lichtenhahn, 1981), 17.

104) Ernst Jeni, Lehrbuch der Hebräischen Sprache des Alten Testaments …, 18. 도표에서 두 번째 열의 알파벳은 옛 이스라엘 문자이다.

매우 흥미롭게도 "옛 이스라엘 문자" 이전의 문자 곧 히브리어가 파생되어 나온 "옛 페니키아언"에서 타우는 덧셈표(+)와 유사하다.[105] 위의 도표의 첫 번째 열(列)이 그것이다. 그러면 그 동안 여러 가지 번역본은 이 구절을 어떻게 번역했을까?

2. 번역본

70인경은 "표를 그리라"를 단순히 "표를 주라"(δὸς τὸ σημεῖον)라고 번역했다. 그런데 불가타 라틴어역은 "타우를 인처라"(signa thau)라고 번역하여 이 표의 의미를 부각시키려고 하는 것 같다. 매우 우수한 번역인 스위스 '츄리히 성경'은 이것을 "한 십자가를 그리라"(ein Kreuz)로 번역했다.[106] '교회연합역본'은 이 표를 T로 번역했다.[107] 매우 흥미롭게도 한국 역사 최초의 순 우리말 번역인 최의원 박사의 "새즈믄 성경"은 이 표를 "곱셈표"라고 했는데 이것은 X를 그렇게 표현한 것이다.[108] 최의원에 의하면 유대인들은 십자가를 매우 싫어하기 때문에 그것을 숨겼다고 한다. 그가 10년 전에 소천(昭天)했는데 마지막으로 한국에서 필자에게 새즈믄 성경을 더 좋은 번역으로 다지기 위해 자기 호를 따라 '주토학회'를 만들 것을 요구했고 둘째 판에서는 곱셈표(×)를 덧셈표(+)로 바꾸어 십자가를 드러내려고 했는데 애석하게도 그 이전에 소천하신 것이다. 그런데 그의 해석은 조금 미흡한 것 같다. 에스겔 시대의 문자를 언급했더라면 더 명쾌했을 것이다.

루터성경은 이것을 단순히 "하나의 표를 그리라"라고만 말한다.[109]

---

105) 도표에서 첫 번째 열(列)의 알파벳은 옛 페니키아 문자이다.
106) Die Heilige Schrift des Alten und des Neuen Testaments (Zürich: Verlag der Züricher Bibel, 1971)
107) Die Bibel Einheitsübersetzung der Heiligen Schrift (Stuutgart: Katholosche Bibelanstalt/ Stuttgart: Deutsche Bibelstiftung/ Klosterneuburg: Österreichisches Katholisches Bibelwerk, 1982)
108) 최의원, 『새즈믄 하나님의 말씀』 (서울: 예영커뮤니캐이션, 2008)

NASB역본도 단순히 한 표시라고만 한다.[110] 화란어 성경은 이 표를 단순히 "maak een teken"(한 표시를 만들라)라고 번역하며 공동번역, 중국 번역도 이 표가 무엇인지에 대해서는 침묵한다. 스코필드 성경도 단순히 표시라고만 한다.[111]

교회연합역본에는 이 표를 라틴어 T로 번역했는데 위의 도표에서 보듯이 이것은 헬라어 대문자 마지막 글씨이다. 도표에서 여덟 번째 열(列)의 마지막 글씨이다.

히브리어 문자 변천사를 보더라도 그리고 매우 권위 있는 역본들이 이 표를 십자가로 해석했다는 점에서 우리는 거기에 동의할 수 있는 것이다. 그 옛날 십자가가 무엇인지 알지 못할 때 하나님은 이렇게 문자로 십자가를 그리라고 하신 것이다. 그러면 주석가들은 어떻게 설명할까?

3. 주석

카일과 델리취는 이 표를 십자가라(cross)고 지적한다. 카일과 델리취는 본문의 타우(ת)가 히브리어 알파벳 맨 나중 글자임을 지적하면서 히브리어 더 초기 문헌에서는 '십자가 형태'(×)를 가졌다고 한다.[112] 위의 도표는 이를 명백히 보여준다. 본문의 "וְהִתְוִיתָ תָּו"(표를 그리다)는 말은 "ת표를 그리다"라는 말임을 지적한다.[113] 고대 히브리어 문자를 알고 있던 카일과 델리취는 이 구절이 십자가를 그린다는 말로 알았던 것이다.

---

109) Luther, Die Bibel oder Die ganze Heilige Schrift des Alten und des Neuen Testaments nach der übersetzung Martin Luthers, revidierter Text 1975 (Stuttgart: Deutsche Bibelstiftung, 1979)

110) New American Standard Bible (Nashville Camden New York: Thomas Nelson Publisher, 1977)

111) Scofield Bible revidierte Elberfelder Übersetzung mit Einleitungen, Erklärungen und Ketten ß Angaben (Wuppertal: R. Brockhaus Verlag, 1992)

112) C.F. Keil and F. Delitzsch, Ezekiel, Daniel in 「Commentary on the Old Testament」 in ten volumes vol. IX (Grand Rapids: Eerdmans, 1976), 921.

113) C.F. Keil and F. Delitzsch, Ezekiel, Daniel ……, 921.

칼빈은 본문의 타우를, 토라의 첫 글자가 타우로 시작하기 때문에, 토라를 의미하는 것으로 설명한다. 무엇인가 정확한 해석에서 벗어난 것 같다. 동시에 그는 제롬의 설명을 부가한다. 제롬은 자기가 살던 시대에 사마리아 사람들은 문자 타우(ת)십자가와 같았다고 하며 기독교인들은 이 문자로 자신들이 기독교인임을 표시하는데 익숙했다고 한다.[114] 그런데 칼빈은 이런 견해를 지지하지 않는다.

주석가 Block도 본문의 타우(ת)가 히브리어 알파벳의 마지막 글자임을 지적하며 고대 문서에는 X 형태 또는 십자가 형태를 취했음과 아람어로부터 문자를 채용하기까지는 초기에는 이 형태를 취했음을 주장했다.[115] 그리고 그는 Western 사본에서는 오늘까지 타우(ת)를 T자로 보존되어 있다고 했다. 그리고 Block는 이 표시를 유월절 어린양의 피를 문설주에 바라는 사건 그리고 라합의 붉은 줄(수 2:18-21; 6:22-25)과 연관시키며 이것은 소망의 표시임을 지적한다(같은책).

Cooper는 본문의 '표'가 히브리어 알파벳 맨 마지막 문자인 타우임을 지적하고 이 타우가 히브리어 "tam"(무흠한)의 첫 글자라고 주장한다. 동시에 그는 BC 7-6세기에는 히브리어 타우가 X 또는 기울어진 십자가 모양으로 사용되었음을 지적한다.[116] 그런데 쿠퍼는 자기의 주장과는 달리 Ellison의 말을 참고하여 본문에서 아낌을 받은 자들이 십자가 표를 받아서 미래 회복의 남은자가 되었다고 한다. 그리고 그는 계 7:3-4과 14:1을 이와 연관시킨다.[117] 매우 합당한 해석으로 보인다.

Cooke는 이 표의 모양에 대해서는 침묵한다. 그리고 그는 우상숭배자

---

114) John Calvin, Ezekiel Vol. I tr. by Thomas Myers in 「Calvin's Old Testament Commentaries」(Grand Rapids: Eerdmans,), 305.
115) Daniel I. Block, The Book of Ezekiel Chapters 1-24 in NICOT (Grand Rapids: Eerdmans, 1997), 307.
116) Lamar Eugene Cooper. Sr., Ezekiel in 「The New American Commentary. An Exegetical and Theological Exposition of Holy Scriture NIV Rext」(Broadman & Holman Publishers, 1994), 127.
117) Lamar Eugene Cooper. Sr., Ezekiel ……, 127.

와 구별되며 여호와의 보호를 받던 예루살렘의 신실한 남은 자들이 받은 이 표가 유월절 이스라엘 백성들의 집 문설주에 발려진 피(출 12:23)와 비교한다.[118] Brownlee도 여기서 이 타우 표의 모양에 대해서는 침묵하고 다만 이 표가 유월절에 이스라엘을 보호하시는 문설주의 피와 비교됨을 지적한다.[119]

이상근은 이 표 '타우'가 히브리어 맨 마지막 문자임을 지적하면서 고대 사본에서는 X로 표기됨을 말하고 터툴리안이나 제롬과 같은 고대교부들이 그리스도의 상징으로 여겼음을 언급한다.[120] 그런데 그는 이 표시가 유월절의 문설주 피와 유사하다는 것을 지적할 뿐, 이것이 무엇인가에 대해 분명히 규명하려는 노력은 보이지 않는다.[121]

상당히 권위 있는 주석가들도 이 표를 십자가로 해석한 점으로 보아 우리는 이 구절이 요한 계시록 7:3과 9:4에 나오는 인침과 연관하여 십자가로 봄이 가할 것이다.

4. 글을 맺으며

위의 내용을 정리해 보면, 요한계시록에서 "인을 치라는"(계 7:3) 말은 마지막 시대에 구원의 백성들에게 이마에 '십자가를 그리라'는 말이다.

---

118) G. A. Cooke, The Book of Ezekiel in ICC (Edinburgh: T.&T. Clark, 1970), 106.
119) William H. Brownlee, Ezekiel 1-19 in WBC 28 (Waco, Texas: Word Books, Publisher, 1986)
120) 이상근, 『에스겔 · 다니엘』 in 『구약주해』 (대구: 성등사, 1993), 70.
121) 이상근, 『에스겔 · 다니엘』……, 70.

부록 2

부록 2 천년왕국설에 대한 도식(圖式)

1) 세대주의 전천년기설

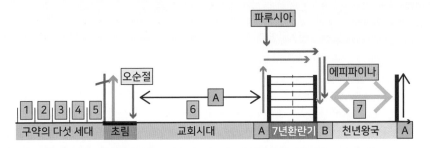

1) 파루시아 : "성도를 위한 강림"(살전 4:15f.) "은밀한 휴거", 성도의 영화
2) 에피파니아 : 열방심판을 위한 재림   의인의 부활 심판과/ 악인의 부활 심판

2) 역사적 전천년기설

1: 오순절, 2: 배교와 적그리스도, 3: 재림, 4: 성도의 부활 5: 악인의 부활
6: 악인의 심판

3) 후천년기설

1) 배도가 천년왕국 이후에 있는 경우

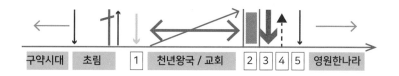

2) 배도가 천년왕국 이전에 있는 경우

1: 오순절, 2: 배도, 3: 재림, 4: 보편적 부활, 5: 최후의 심판

4) 무천년기설

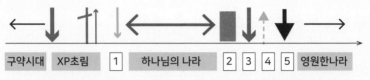

1: 오순절, 2: 배도, 3: 재림, 4: 보편적 부활, 5: 대심판

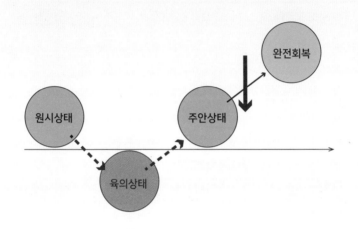

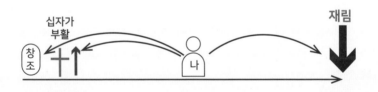

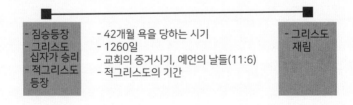

사사라묘사 천국왕국론

성 바깥 어두운데

성(城)인3

참부활에 참여치 이기는자

전 3.5년1

후 3.5년2

참부활의 이기는자

부활한 성도

배도(7)

예수...인수

그리스도 지장선지자 접응표받은자

지옥

사탄 무저갱

유황불 못에

1,000년 천년왕국(千年王國)

성 바깥 어두운데

성(城)인5

죄,마,흉,악,짐등 전쟁이

보좌

불로 내려 멸하심

백보좌 심판

세예루살렘 내려옴

성 바깥 어두운데

성(城)인

영원(永遠)천국(天國)

권호덕 교수 약력

–총신대학교 신학과(BA)
–총신대학교 신대원(M div. eq.)
–독일 뮌스터대학교 신학석사(Mag. theol.)
– 독일 하이델베르크 대학교 신학박사(Dr. theol.)
–뮌스터장로교회 개척 및 목회
– 백석대 조직신학 교수 역임(은퇴)
–한국개혁신학회 회장역임
–현재 콜부르게학파 연구소 소장

서사라목사
천년왕국설에 대한
비판적 고찰

초판인쇄 - 2019년 11월 07일
초판발행 - 2019년 11월 12일

저　　자 : 권호덕
펴 낸 이 : 최성열
펴 낸 곳 : 하늘빛출판사
출판등록 : 제 251-2011-38호
연 락 처 : 010-2284-3007
이 메 일 : csr1173@hanmail.net
I S B N : 979-11-87175-09-4 (03230)
가　　격 : 5000원